AF589064

S CAHIERS VERTS

PUBLIÉS SOUS LA DIRECTION DE

DANIEL HALÉVY

11

Philosophie du Goût musical

PAR

PIERRE LASSERRE

LIBRAIRIE GRASSET

LES CAHIERS VERTS

PREMIER CAHIER

Louis Hémon. — *Maria Chapdelaine* (Récit du Canada français) . . . . *épuisé*

DEUXIÈME CAHIER

Gabriel Marcel. — *Le Cœur des autres*. . . . . *épuisé*

TROISIÈME CAHIER

Joachim Gasquet. — *Il y a une Volupté dans la douleur.* *épuisé*

QUATRIÈME CAHIER

Daniel Halévy. — *Visites aux Paysans du Centre* . . 5 francs

CINQUIÈME CAHIER

Émile Clermont. — *Le Passage de l'Aisne*. . . . . . 5 francs

SIXIÈME CAHIER

Logan Pearsaal Smith. — *Trivia* (*Traduction de* Philippe Neel). 5 francs

SEPTIÈME CAHIER

Louis Bertrand. — *Flaubert à Paris ou le Mort vivant.* 6 francs

HUITIÈME CAHIER

François Mauriac. — *Le Baiser au Lépreux* . . . . *épuisé*

NEUVIÈME CAHIER

Raymond Schwab. — *La Conquête de la Joie* . . . . *épuisé*

DIXIÈME CAHIER

Marie Lenéru. — *Saint-Just* . . . . 5 francs

CONDITIONS D'ABONNEMENT

à une série de DIX Cahiers verts :

Sur papier vert lumière (la série de dix cahiers)	. . . .	315 fr.
Sur papier pur fil Lafuma	—	225 fr.
Sur papier bouffant ordinaire	—	45 fr.

Imprimerie E. DURAND, 18 Rue Séguier, Paris

PHILOSOPHIE
DU
GOÛT MUSICAL

OUVRAGES DU MÊME AUTEUR

La morale de Nietzsche.

Les idées de Nietzsche sur la musique.

Le Romantisme français (Essai sur la révolution dans les idées et les sentiments au XIXe siècle).

La Doctrine officielle de l'Université (Critique du haut enseignement de l'Etat. — Défense et théorie des humanités classiques).

Portraits et discussions.

Les Chapelles littéraires (Claudel — Jammes — Péguy).

Henri de Sauvelade, roman.

[Chez Garnier frères, éditeurs.]

Le Crime de Biodos, roman.

Cinquante ans de pensée française.

[Chez Plon-Nourrit, éditeurs.]

L'Esprit de la musique française (de Rameau à l'invasion wagnerienne). *Ouvrage couronné par l'Académie française.*

Frédéric Mistral, poète, moraliste, citoyen. *(Couronné par l'Académie française.)*

[Chez Payot et Cie, éditeurs.]

M. Alfred Croiset, historien de la démocratie athénienne.

[A la Nelle Librairie Nationale].

« LES CAHIERS VERTS »
PUBLIÉS SOUS LA DIRECTION DE DANIEL HALÉVY
11

PHILOSOPHIE DU GOÛT MUSICAL

PAR

PIERRE LASSERRE

PARIS
BERNARD GRASSET, ÉDITEUR
61, RUE DES SAINTS-PÈRES, PARIS, 6e
1922

CE ONZIÈME CAHIER, LE QUATRIÈME DE L'ANNÉE MIL NEUF CENT VINGT-DEUX, A ÉTÉ TIRÉ A SIX MILLE SEPT CENT TRENTE EXEMPLAIRES DONT TRENTE EXEMPLAIRES SUR PAPIER VERT LUMIÈRE NUMÉROTÉS DE I A XXX ; CENT EXEMPLAIRES SUR VÉLIN PUR FIL LAFUMA, NUMÉROTÉS DE XXXI A CXXX, ET 6.600 EXEMPLAIRES SUR VERGÉ BOUFFANT NUMÉROTÉS DE 131 A 6.730.

CHAPITRE I

Une opinion de M. Anatole France sur la musique. — Le goût est-il plus changeant en musique que dans les autres arts ? — Musique et mathématiques.

Il y a environ un an et demi, une question ingénieuse et fort excitante pour l'intelligence fit le tour de la presse parisienne. On ne s'étonnera pas de l'honneur qu'elle recevait quand j'aurai nommé celui qui l'avait mise à l'ordre du jour : Anatole France. L'illustre écrivain s'était, au cours d'une belle étude sur Stendhal publiée dans la *Revue de Paris* du 1er septembre 1920, arrêté devant une difficulté qu'il ne se croyait pas la compétence de résoudre et dont il demandait la solution aux échos. Ce qui donnait au problème un piquant particulier, c'est qu'il avait trait à une matière dont l'auteur de l'*Orme du mail* n'a jamais fait, si je ne me trompe, l'objet de ses réflexions : la musique. Voici ce problème :

> Ce que Stendhal goûta d'abord en Italie, ce fut la musique italienne. Sans être musicien, il avait un sentiment très vif de la mélodie. Pourtant ce qu'il a écrit sur Rossini paraît aujourd'hui très vieux et fait sourire. Cela tient au sujet. Il est surprenant que cet art, qui est commun aux oiseaux et aux hommes et qui devrait chez l'homme comme chez l'oiseau présenter la stabilité des beautés naturelles, est au contraire le plus exposé aux révolutions du goût et aux vicissitudes du sentiment. Quoi ! la

> musique n'est soumise qu'à la loi des nombres, elle devrait être fixe comme l'arithmétique et elle est à la merci de tous les caprices de la mode. Je voudrais bien qu'un musicien philosophe m'expliquât cette singularité.

« Un musicien philosophe », ce n'est pas assez dire. Il faudrait être, en outre, d'après l'énoncé même de cette savante énigme, mathématicien et physicien. Je ne m'étonne pas que ceux de nos confrères qui en eurent l'esprit assez frappé pour la communiquer au public, n'aient pas essayé d'y répondre. J'aurais tous motifs d'imiter leur réserve si je me faisais la même idée qu'eux et que M. Anatole France du savoir nécessaire pour disserter sur le sujet proposé. Mais je m'en fais une idée beaucoup moindre et même une toute petite idée. Cela, pour la simple et préalable raison que le sujet proposé, mon esprit n'en accepte pas les termes. Il y oppose une fin de non-recevoir. Ma modestie a peine à le dire : la question énoncée avec cette élocution délicieuse dont l'harmonie et la douceur n'ont jamais un fléchissement, est une fausse question. M. Anatole France demande qu'on lui explique un fait. Ce fait, nonobstant la netteté péremptoire des formules qui l'expriment, est inexistant.

Il s'agit de la prétendue fragilité ou caducité qui, entre toutes les beautés des arts, caractériserait spécialement les beautés de la musique. Les révolutions du goût auraient beaucoup plus de fréquence et de rapidité dans cet art que dans les autres. Stendhal a mis au pinacle un musicien de son époque à la facilité excessive et dans l'œuvre duquel on reconnaît généralement aujourd'hui, à côté de quelques beautés impérissables, bien des faiblesses et des déchets. M. Anatole France ne veut pas voir là une erreur accidentelle ou personnelle, due à l'insuffisance de goût de Stendhal, à l'impulsivité de ses impressions et qu'un connaisseur plus averti n'aurait pas commise. L'erreur était fatale. Elle « tient au sujet ». Ce qu'une génération a aimé, célébré, en fait de musique « fait sourire » la génération suivante. Le beau musical d'une moitié de siècle est la vieillerie musicale de l'autre moitié. C'est triste !

Heureusement, ce n'est pas réel. L'histoire des arts offre maints exemples d'engouements éphémères et l'on n'en tire pas des conclusions aussi désolantes. Quand même le génie de l'immortel auteur du *Barbier* et de *Guillaume Tell* serait plus disproportionné encore qu'il ne le fut au délirant enthousiasme d'une grande partie de sa génération, ce fait ne prouverait rien de plus que le *Timocrate* de Thomas Corneille ou les *Vêpres siciliennes* de Casimir Delavigne, acclamés à la « première », comme des chefs-d'œuvre entre les chefs-d'œuvre, que Jacques Delille salué par beaucoup de ses contemporains comme un grand poète, que Canova ou Paul Delaroche érigés en émules de Michel-Ange. C'est le même phénomène des deux côtés. En musique, comme ailleurs, ces réputations factices qui meurent après une saison, sans espoir de renaître, n'avaient eu, leur saison durant, que l'autorité d'une mode. Les changements du goût musical obéissent aux mêmes causes que les changements du goût littéraire ou plastique. Ou plutôt ils y sont liés. Chose bien naturelle, puisque le fond de sensibilité d'une époque doit s'empreindre dans tout ce qu'elle aime et dans tout ce qu'elle repousse. Ronsard et les poètes de la Pléïade, dédaignés par le XVIIe et le XVIIIe siècles, ont été remis en honneur au XIXe. C'est exactement le sort des musiciens de leur temps : Claude Le Jeune, Jeannequin, Josquin des Près, Guillaume Costeley, Roland de Lassus et autres, complètement abandonnés par les contemporains de Lulli et de Rameau et qui aujourd'hui font nos délices. Les tableaux de Poussin n'ont eu aucun attrait pour le XIXe siècle romantique, qui a cru ne trouver en lui qu'un peintre académique et glacé. Maintenant nos yeux, délivrés des vapeurs de la vision romantique, perçoivent la fleur et la lumière de ces ouvrages. C'est l'histoire de Rameau que l'on peut appeler, bien qu'il soit du XVIIIe siècle, le Poussin de son art ; car c'est en lui que l'époque de

Louis XIV a tardivement trouvé une expression musicale digne de sa grandeur. Le XIXe siècle, le prenant pour un musicien froid et pompeux, l'a enterré dans un silence profond. Nous sentons aujourd'hui la beauté décorative et la majestueuse ivresse apollinienne de sa musique. Enfin la musique a, comme la littérature, ses « classiques », des maîtres qu'un certain caractère universel de l'esprit, un certain naturel souverain de l'inspiration, joints au parfait équilibre et à la puissante modération dans l'usage des moyens de l'art, semblent soustraire aux attaques du temps et élever au-dessus des hauts et des bas de la renommée.

L'affirmation de M. Anatole France malgré la grâce des tours où elle s'exprime, est donc bien en l'air.

***

Il est vrai qu'il fait un retour sur cette affirmation même, quand, l'ayant émise, il est le premier à trouver invraisemblable ou « singulier » en soi le fait imaginaire qu'elle a pour objet et quand il demande qu'on lui en explique l'anomalie. Il y a là une sorte de restriction hypothétique dont nous nous féliciterions dans l'intérêt de la vérité, si elle ne recélait hélas ! une seconde illusion, une illusion sur les principes qui, s'ajoutant à la méprise sur le fait, l'aggrave plutôt qu'elle ne l'atténue. Voyant — en rêve — la musique « exposée à tous les caprices de la mode », notre illustre auteur observe d'autre part, qu'elle « n'est soumise qu'à la loi des nombres » et il ne comprend pas. Des beautés d'art qui ont cette base mathématique ne devraient-elles pas posséder « la stabilité des beautés naturelles » ou la « fixité » de l'arithmétique elle-même ?

Voilà un assez épais malentendu. Qu'est-ce donc que cette *loi des nombres* dont il est question ? Je ne l'imagine guère et je crains que M. Anatole France, avec toute sa malice, n'eût quelque embarras à nous éclaircir ce mystère pythagoricien. A coup sûr, les nombres ou plutôt certains nombres et rapports de nombres jouent un rôle dans la musique. Encore faut-il, avant de faire état de ce rôle, l'avoir défini et mesuré avec quelque précision.

La question pourrait nous induire en des détails infinis. Nous nous en ferons une idée suffisante en considérant ce fondement de toute la musique : la gamme, échelle ascendante ou descendante des sons musicaux, je veux dire des sons que la musique, ou du moins notre musique, la musique occidentale, utilise. Ce qui est vrai de la gamme est vrai de la musique en général, puisque tout dans la musique dérive de la gamme : la mélodie d'abord, qui est formée de notes prises dans la gamme et d'intervalles (tons et demi-tons) fixés par la gamme, puis l'harmonie, laquelle est engendrée tout entière et jusque dans ses plus complexes combinaisons, par l'accord parfait, qui a avec la gamme un lien très étroit dont la démonstration technique, quoique fort simple, serait ici superflue. Je demande donc si la gamme, cette œuvre de l'art humain dont la nature n'a fourni à l'homme que les éléments, a été formée par raison mathématique au point qu'on la puisse dire dépendante des nombres. En fait, la gamme a été trouvée par l'oreille et par l'oreille seule ; l'oreille l'a façonnée selon ses convenances instinctives, en dégageant, sous le nom de « notes » et en disposant dans le meilleur ordre successif les sons et les intervalles de sons employés dans les chants qu'elle avait éprouvé lui plaire ; il serait par trop absurde de supposer que les musiciens des origines aient commencé par consulter les mathématiques et décidé dogmatiquement de donner pour base au système musical l'échelle des sons dont les nombres de vibrations respectifs forment entre eux une progression arithmétique ou bien une progression géométrique ou bien toute autre sorte de série numérique rationnelle. Mais aussi une telle supposition n'est-elle nullement nécessaire pour qu'il soit permis d'affirmer la souveraineté de la mathématique sur la musique. Cette souveraineté a pu se réaliser d'une autre façon. Il aura suffi que l'oreille, du fait seul qu'elle était musicienne d'instinct, fût mathématicienne d'instinct, mathématicienne sans le savoir. Que dis-je ? C'est en ce cas que l'empire du nombre se trouvera le mieux confirmé, puisqu'il tiendra à la nature même des choses, guidant nos sens ignorants et naïfs dans les voies d'une haute science, et non pas aux arrangements volontaires et arbitraires de l'homme. Laissons donc la parole aux chiffres. Je me réfère à ceux, d'une signification toute relative, où s'expriment, non les nombres mêmes, mais les rapports des nombres de vibrations correspondant aux sept (ou huit) notes de la gamme majeure et je trouve la série suivante :

24, 27, 30, 32, 36, 40, 45, 48.

Hé ! voilà qui manque un peu de prestige mathématique. Cette série n'offre rien de rationnel. Ce qu'on peut et doit dire (et c'est déjà fort intéressant), c'est qu'elle présente une grande simplicité, qui se remarque au très petit espace numérique dans lequel sont contenues les différences des nombres qui la composent.

3, 3, 2, 4, 4, 5, 3.

Cette suite de nombres offre à l'intelligence une satisfaction qui est loin d'être méprisable. Elle permet de prononcer que les affinités musicales des notes de la gamme reposent sur des relations mathématiques très simples et faciles à embrasser. Elle ne permet aucunement de dire que ces affinités aient, au sens propre du mot, une « raison » mathématique.

Certains théoriciens, plus imbus qu'il ne faut d'esprit métaphysique et scandalisés du défaut de majesté rationnelle des bases de leur art, telles que nous venons de les présenter, ont essayé de divers détours pour leur restituer cette majesté en y introduisant plus de rigueur mathématique. Ces essais sont estimables par les observations instructives et fines dont ils ont été l'occasion. Je ne saurais les exposer au public auquel cet écrit s'adresse. Mais il n'y a aucun doute sur leur résultat commun. De quelque manière qu'on s'y prenne, qu'on parte de la gamme pour en faire dériver les autres éléments musicaux ou bien qu'on parte des *harmoniques*, combinées avec les relations de *quarte* et de *quinte*, pour en engendrer la gamme, jamais on n'aboutit à une conclusion plus dogmatique et plus tranchée que celle-ci : les affinités musicales (mélodiques ou harmoniques) les plus prononcées, les séquences ou combinaisons de sons les plus douces, les mieux acceptées de l'oreille, correspondent aux rapports mathématiques les plus simples ; mais l'ensemble de ces affinités ne forme nullement un système mathématique vraiment ordonné. Encore cette simplicité est-elle en plus d'un cas affaire d'appréciation et elle n'est pas sans recevoir des faits quelques accrocs. Deux notes en rapport de *tierce majeure (do, mi)* sont appelées *consonnantes*. On entend que leur résonnance simultanée est agréable. Deux notes en rapport de *seconde majeure (do, ré)* sont appelées *dissonantes*, ce qui signifie que leur résonnance simultanée est dure, qu'elle ne peut se supporter qu'en passant, au lieu que deux tierces, sonnant ensemble, peuvent se prolonger indéfiniment sans nous blesser, elles offrent un « repos ». Voilà la théorie traditionnelle. Or le rapport numérique des *tierces* est $\frac{5}{4}$; celui des *secondes*, $\frac{9}{8}$. En réduisant au même dénominateur $\left(\frac{40}{32}, \frac{36}{32}\right)$ on constate que, si la première de ces fractions est qualifiée de plus simple, c'est qu'on le veut bien. Nous multiplierions aisément les remarques analogues, d'où l'on peut, au total, inférer que les bases mélodiques et harmoniques de la musique ont été établies empiriquement par le sens auditif, que les phénomènes physico-mathématiques correspondant à ces bases sont loin, sans doute, de former par eux-mêmes un ensemble incohérent et désordonné, qu'au contraire ils ont entre eux des proportions qui permettent à l'intelligence de les embrasser assez facilement, mais que l'intelligence en chercherait en vain, par un artifice quelconque, la coordination logique, la déduction rigoureusement raisonnée.

D'où vient donc cette vieille croyance si répandue, à l'existence d'un rapport spécial et mystérieux entre la musique et les mathématiques ? D'où, l'attrait qu'y trouve l'imagination ?

Tous les arts ont un certain fondement mathématique plus ou moins patent et commode à définir. Mais partout ce fondement et le rôle particulier qu'il joue dans la structure de l'art se présentent sous des aspects moins simples, moins gros, dirai-je, que dans la musique. Et ils sont moins suggestifs dans les autres arts pour la simple raison qu'ils y sont moins accessibles.

Dans la poésie, la prose et l'éloquence le rôle des nombres est palpable en de gros effets apparents (mesure syllabique du vers, chute de la phrase) que tout le monde perçoit et à qui manque, pour cela, le prestige du mystère. Mais ce rôle se marque à d'autres effets que ceux-là (dans la prose surtout, plus secrète, et plus riche en combinaisons que la poésie), des effets plus cachés, plus subtils, nuancés et variés à l'infini, qui contribuent intimement à la beauté, au charme d'un poème ou d'une page de maître, à ce je ne sais quoi qui différencie inexprimablement ces choses de qualité de la foule des honorables productions communes. Ces effets secrets et rares et qui, en un sens, sont tout, il n'y a pour les apprécier et s'en rendre compte que des esprits peu nombreux, d'une sensibilité particulièrement exquise. Le grand nombre, s'il en ressent inconsciemment l'emprise et la douceur, ce qui suffit, puisque tout le monde n'a pas besoin d'être littérateur ou critique, n'en soupçonne point le mécanisme et le jeu [1].

Autre est la condition de la peinture. Le phénomène physico-mathématique des vibrations lumineuses n'affectant pas l'atmosphère et se traduisant en nombres immenses, ne saurait être mis en évidence et évalué que par les moyens savants du laboratoire. Ce phénomène a nécessaire-

1. Ces nombres secrets auxquels tient le prix artistique des vers ou de la prose peuvent être de l'effet le plus irritant, quand en font usage d'habiles littérateurs *sans nature* ou qui fatiguent vainement une nature ingrate et stérile. C'est alors l'alexandrinisme, la préciosité, la manière dans toute leur agaçante horreur. Je crois bien que je préfère l'arythmie d'un article du *Petit Journal* à cette eurythmie congelée, pointue et pédantesque qui a un certain succès aujourd'hui, au moins un succès de chapelle, mais qui en impose aux snobs. Quelquefois elle se prétend néo-classique ; elle est plutôt néo-précieuse.

ment autant de part aux combinaisons agréables des couleurs, aux effets suaves et beaux de la peinture que le rythme des vibrations sonores aux enchantements musicaux de l'oreille. Pourtant les peintres en abandonnent, pour d'excellents motifs, la connaissance aux physiciens, estimant que, s'il s'agit de l'art, les plaisirs ou déplaisirs des yeux ont une autorité sans partage. Les traités sur l'art de peindre ne commencent point par un chapitre d'optique.

Au contraire, les traités de musique commencent par un chapitre d'acoustique mathématique, utile pour le luthier, constructeur d'instruments, parfaitement inutile pour le musicien. C'est qu'en acoustique, la constatation, la comparaison des nombres sont faciles et l'on peut se donner la délectation de considérations techniques exactes à peu de frais. Délectation d'autant plus vive qu'on ne laisse pas d'entendre chanter ces nombres tout en maniant ces chiffres et que le mariage de cet élément voluptueux avec cet élément austère est d'un régal exquis pour l'esprit. Les vieux Pythagoriciens s'émerveillèrent quand ils virent qu'on pouvait rapporter les relations les plus familières des sons, l'octave, la quarte, la quinte à des longueurs de cordes sonores exactement mesurées. Cette expérience confirma leur foi à la divine vertu des nombres. Ils remarquaient que le nombre sert toujours, sert indéfiniment à compter des choses différentes, des hommes, des bœufs, des chevaux, des jours, des années et qu'en lui-même il est immuable, d'une pureté incorruptible et d'une fixité éternelle. Comment avec ces prérogatives, ne serait-il pas un élément divin ? Les nombres sont des dieux ! Il ne faut pas s'étonner si dans leur générosité magnifique, inépuisable, ils ont fait aux hommes le don ravissant de la gamme et de la mélodie, qu'ils contiennent entre tant d'autres richesses. Nous dirons, nous, dans notre plat et véridique empirisme (heureusement la musique n'y perd rien) : la musique est une impression sensible qui a pour déterminant externe, un mouvement atmosphérique dont les pulsations se comptent, sans que ce compte ait en soi rien d'extraordinaire ou de significatif, quand même on le ferait pour les notes du plus beau thème de la plus belle symphonie de Beethoven. Les Pythagoriciens disaient : les nombres sont les musiciens du ciel. Chose charmante que de trouver M. Anatole France, par ailleurs le moins métaphysicien des hommes, hanté ou effleuré sur cette question-ci par les idées du vieux Pythagore.

Enfin on voudra bien remarquer par-dessus tout que ces observations sur les rapports entre la musique et les nombres ont trait à la matière de la musique, aux éléments de son langage et non à ses productions elles-mêmes. C'est pourtant celles-ci qui sont en cause, quand il s'agit des beautés musicales et de leur durée. La matière sonore de la musique a certes sa beauté propre qui entre dans la beauté des œuvres musicales comme la beauté du marbre entre pour quelque chose dans celle de la statue. Cependant le marbre n'est pas la statue. Et, si un grand génie comme Beethoven et un très honorable compositeur classique, comme Hummel, se servent exactement du même langage et des mêmes formes générales, il y a entre l'un et l'autre le même abîme qu'entre Voltaire et

Duclos, qui écrivent, avec la même syntaxe et la même logique, le premier des choses divines et le second des choses très bien. Cet abîme ne semble pas pouvoir être comblé par des nombres, puisque les créations entre lesquelles il existe sont régies par les mêmes nombres. Quand même on établirait (et nous venons de nous expliquer là-dessus) que la matière du langage musical — mélodie type de la gamme et combinaisons harmoniques fondamentales — repose sur des ordonnances mathématiques serrées et profondes, il serait bien difficile de ramener à quelque définition numérique l'usage expressif et poétique qu'un esprit inspiré peut faire de cette matière et qui la rend immortelle. Appliquons à la génération de l'œuvre musicale la distinction aristotélicienne de la cause *matérielle* ou physique et de la cause *formelle* ou vivante ; nous dirons que la cause formelle tient à la sublimité, à la noblesse, à la grâce, à la force des mouvements de l'âme qui trouvent moyen de s'inscrire dans le jeu sonore et de s'y répandre comme en une gerbe de feu.

Un Pythagoricien insisterait et dirait que ces mouvements sont eux-mêmes des nombres. Soit ! Mais la proposition serait également vraie par rapport à tous les arts, à toutes les formes d'inspiration en général et n'aurait plus aucune application particulière à la musique.

CHAPITRE II

La vraie question : comment accorder la durée des beautés musicales avec la mutabilité du langage musical ? — Exemples de celle-ci : le plain-chant, la polyphonie chorale de la Renaissance, les révolutions modernes de l'harmonie. — Les deux aspects corrélatifs de toute musique : l'aspect poétique et l'aspect physique.

M. Anatole France s'étonne de l'instabilité des beautés musicales. Nous avons dit combien il s'abuse sur le fait. Ce n'est pourtant pas pour lui remontrer une inoffensive erreur que nous aurions pris la plume. Mais les erreurs d'une intelligence de cette qualité sont rarement stériles. Peu curieux, je crois, et peu informé de musique, M. France a eu au moins l'instinct de sentir que les révolutions du goût dans la musique donnent lieu à un problème spécial qui ne se pose pas pour les autres arts. Ce problème réel, il l'a même manqué de très peu, si l'on admet que rien n'est, logiquement parlant, aussi rapproché d'une chose que son contraire. La fausse question où s'est amusé en passant l'esprit du grand écrivain a ceci de très intéressant qu'elle est exactement l'inverse de la question vraie qu'il n'a pas vue ; il n'y a qu'à en retourner les termes. M. France est surpris de voir les beautés de musique passer si vite alors qu'elles devraient être, se figure-t-il, les plus durables de toutes. Nous sommes surpris de les constater si durables, alors qu'elles sont soumises à une certaine condition qui leur est propre et qui semblerait devoir les rendre de toutes les plus éphémères.

***

Aux termes dans lesquels nous avons parlé jusqu'ici de la matière du langage musical, on pourrait la prendre pour une création fixe de la nature et de l'art humain tout ensemble, qui se serait constituée une fois pour toutes et qui, à partir de cette constitution, se serait offerte pareille à l'usage successif des artistes inspirés de tous les siècles. Hâtons-nous d'écarter cette notion qui serait la plus erronée du monde. Rien, depuis les origines de la musique, ne peut avoir plus changé, plus évolué que les matériaux et combinaisons sonores dont elle se sert. Si, au lieu de suivre ces transformations pas à pas, à travers l'histoire, ce qui ne peut être le fait que d'un technicien et d'un érudit, vous en observez les résultats accumulés et massifs dans les œuvres les plus caractéristiques des grandes époques de l'art, si vous prêtez successivement l'oreille à un chant liturgique venu du moyen âge, à une pièce chorale de la Renaissance, à un opéra du XVIIe siècle, à une symphonie du XVIIIe, à un ouvrage symphonique ou dramatique du XIXe, à une composition de quelque maître au goût de nos jours, vous aurez une impression de changement incomparablement plus forte et plus profonde que ne vous en procurerait aucun autre art, considéré tour à tour à ces mêmes époques ; il vous semblera que la musique a subi d'âge en âge autant de renouvellements totaux de physionomie et que vous venez de passer par autant de mondes sonores différents entre lesquels existent sans doute bien des éléments communs, mais dont chacun a ses bases, sa structure et sa couleur particulières et irréductibles. Pour produire une telle impression, la différence des sentiments inspirateurs de chaque âge ne suffirait pas ; elle est, dis-je, le fait d'une rénovation de la matière musicale elle-même, du vocabulaire de la musique. C'est toute la qualité et l'économie de nos impressions sensibles qui est modifiée. C'est une autre ambiance. L'oreille se sent changée de milieu et comme de pays.

Entrez dans une église pour écouter le plain-chant grégorien. Je suppose de bons chantres, lisant dans un texte sûr, n'ânnonant pas leur mélopée comme une rhapsodie morte, sentant et comprenant ce qu'ils chantent, mettant les valeurs, les accents, le rythme. La hauteur des voûtes de l'église gothique bâtie au temps où l'âme des hommes d'Occident n'avait pour s'épancher d'autre musique que cette musique, pauvre de moyens, mais si pure en sa rudesse, l'antique majesté du cérémonial silencieux, la petitesse de la stature humaine comparée à ces vastes espaces de recueillement où se taisent les passions, où les fidèles éprouvent un bien-être et une sorte de fraîcheur à devenir anonymes, tout cela agrandit le chant qui s'élève, tout cela communique l'ampleur, la force ascendante à cette mélodie austère et nue, dépouillée des richesses de l'harmonie, mais aussi libérée de son poids, expressive en raison de son impersonnalité même. Vous subissez un charme sans charme et vous voici transporté en imagination bien loin de la vie moderne, dans l'atmosphère de temps reculés, où votre âme, à moins qu'elle ne soit très chrétienne, qu'elle ne le soit comme on l'était en ces « siècles de foi » où *croire* c'était *voir*, se déleste et éprouve une sorte de vertige. Un poète saurait rendre la magie décolorée de ces impressions et il en ferait honneur, pour sa part, au mystère de cette musique qui dit ce qu'aucune musique moderne ne saurait dire. Ce poète n'aurait pas tort. Mais encore moins aura tort le musicien, qui mettra le doigt sur le fait et donnera au mystère un nom technique en faisant observer que la musique de plain-chant est écrite dans de vieux modes, dont nos oreilles sont deshabituées matériellement, qu'elle a pour base des gammes dans lesquelles les musiciens n'écrivent plus, dans lesquelles le peuple ne chante plus depuis près de quatre siècles. Le mystère est poétique, mais il est auditif. Ou plutôt, au point de vue auditif, il n'y a pas de mystère, on voit exactement ce qu'il en est. Ce génie mélodique, infiniment éloigné du génie mélodique qui se révèle dans un air de Glück ou de Mozart, un thème de Beethoven ou le chant de la *Marseillaise*, ne peut pas se comprendre uniquement comme le fils d'une certaine sensibilité ; il a sa raison d'être matérielle dans un certain système acoustique de tons et d'intervalles qui a régné, en certains siècles, sur l'oreille des musiciens et du public et qui, le moment venu, par évolution ou révolution, a fait place à un autre système qui changera la face de l'expression musicale.

Ces systèmes, je m'empresse de le dire, ne constituent point, de leur côté, un simple fait de physique sonore, dépourvu par lui-même de signification expressive et qui ne serait, au service de l'invention musicale, qu'un instrument mécanique.

Ils contiennent, à l'état vague et virtuel, une certaine manière générale de sentir. Les gammes (j'entends les diverses gammes types dont la musique a tout à tour ou simultanément usé) ne sont froides qu'en apparence. Elles ont une âme cachée. Elles enveloppent mille beautés dormantes qu'éveille la baguette de fée du génie individuel et qui empruntent à leur génératrice un air de famille. Si j'énonçais cette proposition que les époques, les civilisations, les races, les peuples ont leurs modes musicaux caractéristiques, je me ferais légitimement tomber dessus par tous les hommes informés qui me montreraient sans peine d'innombrables difficultés pour accorder aux faits une telle synthèse. Je la produis néanmoins comme façon d'exprimer une certaine vérité psychologique.

Tout exemple pris aux grandes

formes historiques de l'art musical donnerait lieu aux mêmes observations que le plain-chant. Nous verrions chacune de ces formes se caractériser sous deux aspects corrélatifs et qui communiquent intimement ensemble : l'aspect expressif et poétique d'une part, l'aspect physique et technique de l'autre, celui-ci n'étant ainsi dénommé, comme je viens de le dire, que d'une manière relative, puisqu'il n'est pas inerte, mais a déjà son chant virtuel, sa vie intérieure. Les formes dominantes qu'a successivement revêtues la musique à travers l'histoire traduisent un certain mode de sensibilité à l'aide d'un matériel sonore distinctif ou d'un art distinctif pour agencer les sons. Le poète, l'homme d'imagination, décrit ou reconstitue cette sensibilité ancienne d'après la qualité des impressions et jouissances auditives qu'il éprouve ; le musicien expert définit en termes spéciaux l'instrument mélodique et harmonique qu'elle a pris à son service. Les deux définitions se complètent et se corrigent. La seconde empêche la première de se perdre dans le vague d'une esthétique sentimentale en faisant abstraction des conditions et moyens physiques de l'art ; la première relève la seconde en l'empêchant de tout ramener à des curiosités de métier. Croire que la musique renouvelle ses beautés et ses merveilles d'âge en âge par l'unique effet du sentiment, sans aucune invention de mécanique sonore, est d'un esprit béat. Croire qu'elle les renouvelle par les seules recherches de la mécanique sonore et sans quelque grand parti-pris, quelque magnifique coup du cœur, est d'un Chinois [1]. Il y a

1. Ce n'est pas le moment qu'une plume française se permette étourdîment des traits de satire,

hélas ! beaucoup de Chinois parmi les musiciens d'aujourd'hui.

***

Le chant choral, sans accompagnement d'instruments, d'origine franco-flamande, n'a pas été seulement le triomphe de la Renaissance ; il contient ce que je voudrais pouvoir appeler l'essence musicale de cette époque. Les siècles suivants, glorieux dans d'autres domaines, ont délaissé un genre qu'ils n'auraient pas su traiter avec la divine légèreté de main, avec la grâce naïve et vigoureuse des Claude le Jeune, des Jeannequin, des Josquin des Prés, des Guillaume Costeley, des Roland de Lassus, des Maudhuit. Plus souriant monument de beauté que l'œuvre de

même passés en usage, contre un grand peuple qui a été notre allié. « Chinois » a comme « jésuite » un sens convenu. C'est celui où je le prends.

ces musiciens n'apparaît pas sur l'horizon de l'histoire. Quoique leur musique n'ait aucun rapport avec la musique de l'antiquité, comparativement bien pauvre, je ne sais rien qui réponde davantage à l'idée que nous nous faisons de l'exquis naturel et de la vivacité harmonieuse des Grecs, rien non plus où se peigne avec plus de malice et de douceur ce qu'il y a de plus avenant dans la sociabilité de nos bonnes races. Une humeur maligne et généreuse anime ces chants. Ils allient la finesse la plus spirituelle au plus frais lyrisme. Et, jusque dans les décris satiriques ou même insolents où ils se complaisent, leur inspiration a de la bonté. Ce ne sont pas des chœurs d'opéra où l'on chante ensemble par convention. Ici on se réunit pour le plaisir de chanter. Or le chant collectif désarme les âmes et les déverse les unes dans les autres. Celui qui est chagrin et hostile ne chante pas. Ceux qui s'assemblent pour chanter mettent en commun ce qu'ils ont de meilleur, le rire, la gaîté de boire et d'aimer, toutes les joies et affections familières, l'enthousiasme des grandes actions, l'amusement de railler le voisin en s'égayant d'en être raillé soi-même. Ah ! nous voici loin des fameuses définitions allemandes de la musique comme expression essentielle du vague à l'âme ou bien de l'obscur fond métaphysique des choses. On se demande, quand on écoute la fulgurante et joyeuse *Bataille de Marignan* de Jeannequin ou bien, du même, le délicieux *Mois de May*, où Schopenhauer a été chercher cela. Qu'elle rende les fureurs et les fortunes de la bataille, ou les tendres vicissitudes du commerce amoureux, ou les ivresses de la nature printanière ou les plaisirs du coin du feu en hiver, ce que dit cette musique est toujours précis de sens et a le plus vif relief de pittoresque et d'esprit. Tandis que les voix se provoquent, se répondent, s'entremêlent, elles font assaut de vigueur et d'élan dans le trait. L'espace que cette musique nous ouvre ce n'est pas celui des sombres mystères mélancoliques ou des ténébreux abîmes, c'est le clair espace du ciel traversé par l'alouette gauloise.

Ainsi décrirais-je, autant que je sais le faire, le poétique génie de ces œuvres. Comment le musicien définit-il la matière musicale où ce génie est incorporé ? Matière essentiellement polyphonique, dira-t-il. La polyphonie est une des merveilleuses créations de la Renaissance. L'antiquité, le moyen-âge n'avaient connu que la monodie. Ici toutes les parties sont animées et vivantes. Chacune est mélodique, expressive. Nulle ne joue le rôle de simple soutien sonore. Toutes chantent, toutes parlent. A l'œil, l'œuvre écrite se présente comme un concours, un entrelacement de lignes élégamment sinueuses, d'arabesques. Nul désordre entre ces jets qui s'élancent de toutes parts. L'ordre est déterminé par un thème, une forme mélodique ferme qui, posée par une partie, passe successivement dans les autres, remonte à sa source, en redescend, circule dans l'ensemble choral, se revêtant dans ce parcours d'ornements toujours nouveaux qui n'en altèrent pas le dessein et sans que ce procédé (canon, imitation) cesse jamais d'être libre et revête la rigidité scolastique qu'il aura plus tard dans la *fugue*. Dans ce genre de composition, l'harmonie a un rôle subordonné, qui, dans cette subordination même, ne peut pas n'être point puissant, puisque, à chaque instant de l'exécution c'est elle, c'est l'effet sonore du concert des voix que l'oreille perçoit avant tout, au lieu que l'effet polyphonique ne se saisit que dans son déploiement et a quelque chose de plus intellectuel. Mais c'est bien à la polyphonie mélodique et non à l'harmonie que le musicien demande le principal de l'expression. L'harmonie est d'ailleurs riche et savoureuse, fondée, ainsi que la mélodie, sur des modes intermédiaires entre les modes modernes et les anciens et caractérisée par des modulations que l'on peut trouver gauches et « primitives » quand on n'a pas de goût, mais qu'un connaisseur, sensible à la langue dans laquelle elles sont écrites, trouve les plus fraîches du monde en leur ingénuité forte et quasi-rustique.

*
* *

Chose remarquable ! jusqu'à la fin du XVIe siècle, l'individualité humaine n'a pas eu son expression dans la musique. La monodie grecque était chorale. La monodie liturgique était, comme je l'ai dit, tout à fait impersonnelle d'expression. Les chœurs du XVIe siècle étaient le plus beau des divertissements de la sociabilité. C'est dans l'opéra naissant, création de l'Italie, que l'individu commence à chanter pour son compte et à exprimer par les sons les mouvements les plus personnels de son âme. Monteverde, un des plus forts esprits qui se soient jamais manifestés dans l'art musical, porte le rendu musical des passions à un degré d'énergie, de subtilité, d'acuité que nul ne me semble avoir égalé par la suite. Cette innovation qui ouvrait une voie immense, a eu le plus rapide et le plus puissant des contre-coups sur la matière de la musique. La fonction de l'harmonie est passée au premier plan. Le chant en solo, si modelé sur la nature qu'en soit le tour, ne peut exprimer assez ; il faut qu'il s'aide de la force expressive inouïe qui est latente dans l'agrégation simultanée des sons, dans les « accords » comme on dit vulgairement, mais d'ailleurs inexactement, car un accord n'est expressif que par la place où il vient, c'est-à-dire par son rapport avec les accords ou combinaisons de sons qui le précèdent et le suivent. Les traités de musique font généralement honneur à Monteverde d'avoir le premier osé faire entendre « l'accord de septième de dominante sans préparation. » Cette attribution de détail serait discutable, si on la prenait dans un sens très littéral. Entendue dans un sens large, elle est la vérité même. Les musiciens savent de quelle conséquence devait être l'indépendance rendue à cet accord pour l'ensemble de l'harmonie, et qu'il a été comme la porte ouverte à la magnifique série des enrichissements harmoniques modernes. C'est chez Monteverde que nous voyons ces horizons s'ouvrir largement. Sous la pression de son double génie dramatique et musical, ce maître a creusé à une profondeur insoupçonnée de ses prédécesseurs dans le sol quasi-vierge de l'harmonie et il en a extrait des trésors dont beaucoup de ses successeurs, même glorieux, n'ont pas su toujours faire usage. Comparez, à ce point de vue, le récit de la mort d'Eurydice dans son *Orfeo* avec une œuvre de polyphonie chorale du même temps. Le changement d'impression sensible est incroyable. La saveur, si riche et si relevée, de ce langage nouveau, fit perdre aux contemporains le goût des fraîches eaux parfumées de fleurs de prairie, de la musique chorale. Celle-ci tomba sous le même genre d'injuste arrêt qui, à l'avènement de la poésie classique, frappa Ronsard et la Pléïade. Elle était réservée à la même réhabilitation à peu près par la même postérité.

Au cours de l'époque moderne, les vicissitudes expressives de la musique ont trouvé leur principale répercussion technique dans les vicissitudes de l'harmonie. Le prouver en détail serait entreprendre un chapitre immense. Je n'ai en vue qu'une démonstration générale, une loi. Celle-ci résulte suffisamment des exemples anciens que j'ai allégués et qui, au point de vue de l'exposition, ont sur les exemples modernes l'avantage d'être empruntés à un art de structure plus simple. Il ne faut pas comprendre que, dans le courant de l'époque moderne, le système harmonique ait subi des changements fondamentaux. On peut certes soutenir sans paradoxe que, depuis Monteverde jusqu'à Debussy, ce système apparaît un dans sa configuration générale et que les racines, sont immuables, par où il plonge dans la nature. Mais, d'autre part, il se montre susceptible de développements très variés à partir de certains principes communs, de certaines données physiques et sensitives élémentaires. Disons (tout en avertissant que c'est là une manière très simplifiée de présenter les choses) que tous les musiciens créateurs modernes se sont servis des mêmes éléments harmoniques, c'est-à-dire des mêmes combinaisons de sons simultanés, mais qu'ils ont souvent différé à l'infini les uns des autres par l'importance respective que prenaient dans le langage de chacun d'eux ces diverses combinaisons.

Il fut un temps où certaines d'entre elles ne semblaient pouvoir être employées dans le discours musical que sous une forme toute transitoire et fugitive, les unes parce qu'elles paraissaient avoir en elles-mêmes quelque chose de trop éclatant, de trop tranché, de trop fort pour que leur prédominance dans le discours n'en écrasât pas tout le contexte, les autres, au contraire, parce qu'on leur trouvait en elles-mêmes quelque chose de trop inconsistant, de trop flottant, de trop vague pour que ce discours pût s'y arrêter sans y perdre toute détermination, toute vigueur et toute netteté de sens. Un autre temps est venu où ces mêmes combinaisons ont pris le dessus et sont devenues celles où l'harmonie se mouvait de préférence, tandis que celles-là qui auparavant avaient constitué comme les lieux communs nécessaires, je dirai les verbes et les substantifs de l'écriture harmonique, faisaient aux générations nouvelles l'effet de ne pouvoir attirer l'attention sur elles sans exposer la musique à la banalité et lui donner l'air fastidieux du déjà vu. Ces indications, que je juge inutile de détailler davantage, sont empruntées au domaine de la technique. Je me fie pourtant qu'en donnant un tour un peu général à ce qui aurait pu s'exprimer avec les noms de *neuvièmes* et de *septièmes*, elles réussiront à évoquer dans l'esprit des lecteurs les plus profanes la différence de deux genres de sensibilité, d'imagination et de poésie qui se sont succédé dans l'âme des musiciens et dans la faveur du public.

On voit dans quel sens il est permis de parler de l'harmonie de Rameau, de celle de Mozart, de celle de Wagner, de celle de Franck ou de Debussy. Le sens de cette expression est, quoique limité, très fort. Elle s'applique à des types puissamment distincts, à des systématisations des impressions auditives que nul auditeur, même peu versé dans les choses de la musique, ne saurait confondre.

*
* *

Gardons-nous d'ailleurs de croire que ces changements de la matière sonore et de la technique soient toujours liés à l'avènement d'une individualité de génie et que chaque grand musicien soit obligé, pour traduire l'âme nouvelle qu'il apporte, de se forger une langue nouvelle, du moins nouvelle à ce degré-là. Il y a eu des époques où la langue musicale possédait une généralité de constitution qui permettait au génie de la faire sienne sans en modifier le fond et l'équilibre commun et de s'exprimer dans le vocabulaire de tous avec le plus original accent, sans y rien abdiquer de sa personnalité. Ce caractère s'observe au XVIe siècle dans le groupe des polyphonistes dont nous avons essayé de caractériser le style et le sentiment. Il s'observe sous des traits plus éminents et hautement glorieux dans le groupe des grands classiques germaniques du XVIIIe : Haydn, Hændel, Beethoven, Mozart. Quels poètes ! quels créateurs ! Cependant, à quelques nuances près, qui sont ici négligeables, ils se servent du même instrument, lui faisant rendre, par le seul influx de leur âme des résonnances incroyablement diversifiées. Ils ont le plus haut sentiment des règles de l'idiome qu'ils parlent et dont la constitution s'est achevée entre leurs mains. A ces règles ils n'en rattachent pas seulement la dignité, mais les richesses. Loin de se sentir comprimés et diminués par cette communauté, ils y voient la grandeur même de l'art. Le fait est qu'elle apparaît chez eux comme une puissance qui s'ajoute à la puissance de l'inspiration personnelle.

Les grands artistes du XIXe siècle se sont moins arrangés de ce règne d'une forme commune. Leur individualisme d'inspiration qui a sa raison dans les crises sociales et qu'il ne faut pas du tout confondre avec la force de la personnalité créatrice n'a pu se manifester que dans un instrument d'expression plus ou moins façonné à l'usage de chacun d'eux. Ces grands changements de visage de la musique qui, dans les siècles antérieurs, s'accomplissaient d'époque en époque, ont été beaucoup plus fréquents au XIXe et se sont opérés de maître en maître. Les grands créateurs musicaux que ce siècle a vus n'ont pas hérité de la souveraineté d'un royaume constitué déjà et qu'il ne leur eût appartenu que d'accroître et d'enrichir. Ce qu'ils avaient en eux, ce qu'ils avaient « là » était trop dépourvu de commune mesure avec ce qu'avaient apporté leurs prédécesseurs pour qu'ils pussent se réaliser autrement qu'en fondant un royaume à eux et qui lui-même n'aurait pas d'héritier. Il n'y a plus eu un style. Il n'y a eu que des individualités. Il n'y a pas eu d'écoles. Il n'y a eu que des génies et des suiveurs. Un style, on se l'approprie en restant soi-même. Un individu qu'on imite, c'est qu'on en est écrasé. Le choix du modèle suivi n'indique, en ce cas, que le sens dans lequel on est faible. Tout musicien qui a écrit comme Wagner a été lourd et vague, parce que Wagner est chargé et débordant. Tout musicien qui a écrit comme Debussy a été mièvre, parce que Debussy est subtil et rare. Mais un musicien pourrait étudier à fond Mozart ou Hændel, s'approprier tous les secrets de leur composition et de leur écriture, il ne leur ressemblerait point, parce que l'incommunicable essence du génie personnel, qui ne peut être que caricaturée et non reproduite par un autre, s'enveloppe chez eux dans un ordre général qu'on peut leur prendre impunément ou plutôt en en tirant immense profit.

Barbare qui ne reconnaîtrait pas une supériorité superbe aux époques de civilisation qui se sont montrées capables de faire régner un style général dans les arts. Ce sont les plus favorables à l'enfantement d'œuvres de durée. A bon droit, on les appelle classiques. Mais celui-là aurait une vue bien étroite des choses, qui demanderait à la loi artistique de ces époques de conserver sa souveraineté intacte après que les conditions de culture et de société qui les distinguaient se sont transformées. Cette loi demeure toujours riche de leçons immortelles dont les artistes ne sauraient se passer sans retomber dans l'inexpérience et dans les vagissements primitifs. Mais elle ne suffit plus à les guider à travers un océan d'impressions devenu plus tumultueux. La divine harmonie préétablie qui, en de plus beaux siècles, avait existé entre les poussées de l'inspiration personnelle et les rythmes purs de la beauté, cette harmonie est rompue. Les grands artistes sincères et vivants, ceux qui, en sachant que le beau est le beau, ne se contentent point de voguer en tout repos sur les eaux mortes de la convention et de l'académisme, poursuivent douloureusement, fiévreusement entre ces deux maîtresses brouillées de leur esprit, une réconciliation dont la recherche ne va pas sans torture, mais non plus sans de fulgurants résultats.

Et j'en reviens à mon problème, maintenant qu'il me semble avoir mis en suffisante lumière la donnée de fait d'où il jaillit.

La beauté musicale naît d'un mouvement de l'âme qui s'inscrit et s'empreint dans un certain agencement de la matière sonore. Or, si un mouvement de l'âme est chose qui ne vieillit pas, en ce sens que les hommes de toutes les générations y peuvent participer par sympathie, le véhicule sensible par lequel se communique ici ce mouvement intérieur est au contraire marqué d'une caducité désolante. Comment la chose exprimée conserverait-elle sa force et sa fraîcheur sous un moyen d'expression auquel elle s'est intimement incorporée et qui est en lui-même marqué d'usure ? Ecrivez dans la forme mélodique et harmonique d'une époque révolue. Si vous le faites avec talent, vous produirez une agréable impression d'archaïsme, à laquelle ne s'attachera qu'un petit plaisir piquant, mais froid, non pas une impression de beauté ; car le signe de la beauté, c'est de ravir l'esprit et le cœur et de les arracher à eux-mêmes. Si donc les bases et les tours mélodiques, les habitudes harmoniques, les formes de développement et de composition d'un temps et d'un auteur dépérissent si vite et si profondément, si l'ensemble et le cours des impressions auditives habituelles qui ont exercé sur le public d'une certaine génération la prise et la séduction la plus vive perdent leur action vivante sur une génération prochaine dont l'oreille est nourrie d'un autre aliment, comment les beautés de la musique peuvent-elles survivre à leur naissance et passer de génération en génération ?

C'est pourtant leur destin. Je dis qu'elles ne sont pas plus périssables que les beautés littéraires ou plastiques et qu'elles sont soumises aux mêmes vicissitudes.

CHAPITRE III

Le changement des formes d'expression dans la musique comparé au changement des formes d'expression dans les autres arts. — La musique est-elle un art d'imitation ? — Application de cette question à la musique chorégraphique, à la musique dramatique, à la musique lyrique, à la musique descriptive. — La musique a pour modèle naturel la motricité vivante. — Ce modèle se transpose, s'évoque bien plutôt qu'il ne s'imite. — D'où la grande liberté d'évolution du langage musical. — Causes qui activent cette évolution.

Je devine l'objection du lecteur à mon raisonnement.

La caducité et le renouvellement perpétuel de l'instrument d'expression sont-ils donc propres à la musique ? Les langues ne changent-elles pas ? Et les poètes, les prosateurs ne perdent-ils pas à ce changement leur fleur et leur feu ? Les couleurs des tableaux ne se fanent-elles point ? Les Vénitiens qui virent les *Noces de Cana* fraîches écloses de l'atelier, retrouveraient-ils la fête de leurs yeux sur la toile suspendue au Louvre ? La jeunesse qui écoute au Théâtre-Français les effusions amoureuses des héroïnes et des héros raciniens, y ressent-elle encore cette veine brûlante qui flattait délicieusement le cœur des jeunes hommes et des jeunes femmes nés avec Racine et qui les éloigna de Corneille ? Ne faut-il pas que ces confidences passionnées, où nous nous retrouvons au moins en réfléchissant, aient été refroidies par le refroidissement du tour et des paroles qui les expriment, pour que d'honnêtes, de pieux pédagogues n'en redoutent plus cette contagion de langueur qui alarmait Bossuet, Fénelon, Bourdaloue et les fassent tranquillement réciter à des élèves de seize ans ?

Il y aurait beaucoup à dire sur le degré d'extinction que le temps fait subir au charme des grands poètes et des grands peintres, sur la part de la spontanéité sensitive et celle du goût érudit, de la curiosité historique, dans le plaisir que les lointaines générations continuent d'y prendre. Tout ce qu'on pourrait observer, distinguer à cet égard s'appliquerait en principe à l'art musical lui-même. Mais la condition de la musique est ici bien différente. La nature même veut que les transformations du langage y aient infiniment plus d'extension et de portée que dans les autres arts.

La poésie et la peinture sont des

arts d'imitation. Elles reproduisent en les animant de leur flamme, l'une, un modèle intérieur (les idées, les sentiments, les rêves de l'homme), l'autre le modèle extérieur du monde visible dans toutes ses formes. Ces modèles naturels survivent aux changements de l'expression et leur permanence même limite la part de ces changements. L'âme des hommes éprouve bien des vicissitudes de génération en génération, d'époque en époque ; elle n'est pas tout à fait la même de peuple à peuple. Mais elle demeure semblable à soi bien plus encore qu'elle ne change et elle a des traits universels. La vision colorée des artistes et leur sens même des formes plastiques subissent certaines variations de siècle en siècle ; mais la fixité des formes naturelles borne à la superficie des bonnes représentations picturales l'effet de ces variations. Le temps peut donc amortir la force d'action des images poétiques ; les déplacements de la vie du langage peuvent infliger peu à peu au langage des poètes d'autrefois une sorte de recul ; l'éclat originel des peintures peut pâlir et certaines particularités dans le modelé de leurs figures dépayser légèrement nos yeux modernes. Il n'importe ! Les peintres et les poètes qui ont senti, compris, vu avec profondeur et vivacité ce qu'ils sentaient, comprenaient et voyaient, qui ont recherché et obtenu cette plénitude et cette harmonie que seule procure aux œuvres de l'art la prédominance des traits généraux et typiques de la nature sur la marque éphémère des mœurs du temps, ceux-là peuvent aborder tranquilles la postérité. Elle communique avec eux, elle les entend. Ce qui les a inspirés, elle l'a en elle, elle le voit autour d'elle. Elle y réfère leurs ouvrages et, à leur tour, ils contribuent par la beauté et la pureté de leurs représentations à éclairer et à former sa propre conception, sa propre vision des choses réelles. Un certain charme premier, vif, capiteux, qui enivrait les contemporains est perdu ; et c'est pourquoi l'art du passé ne nous suffit pas, nous avons besoin d'un art contemporain pour nous faire éprouver ce charme. Mais un autre charme peut-être, plus enveloppé et lointain, est gagné. Même en passant d'une langue dans une autre langue par la traduction, un poète vraiment grand ne perd pas tout, tant s'en faut. Il lui reste les beautés de la pensée. Mais qu'ai-je dit ? Est-ce que la pensée a des beautés ? Et, si elle en a, est-ce que ces beautés ont rien à voir avec la poésie ? Notre époque semble éloignée de le croire. Du moins, je vois la plus honorable des écoles poétiques de nos jours, qui s'évertue à copier savamment un certain archétype plastique et rythmique du beau vers, sans rien viser au delà ; contente de construire ainsi, sous le nom de sonnets ou de poèmes, des espèces de carapaces verbales qui brillent et sonnent, mais où l'idée n'est représentée que par ces sens errants et obscurs qu'un quelconque assemblage de mots ne manque pas d'évoquer dans l'esprit comme des fantômes, même quand cet assemblage a été dicté à des poètes, qui sentaient ne pouvoir s'occuper de tout à la fois, par des considérations quasi-exclusives de sonorité et de volupté matérielle. Gœthe, pourtant, au sortir d'une lecture des *Géorgiques*, se disait ravi par « la divine pureté de la pensée virgilienne ». Il n'entendait pas que la plastique des vers virgiliens fût médiocre.

Affirmer, comme on le fait souvent, non sans grande apparence de motif, que la musique n'est pas un art d'imitation, ne serait pas précisément vrai. Mais qu'imite-t-elle ? Et, ce qu'elle imite, de quelle manière, sous quel rapport, l'imite-t-elle ?

La musique imite tout d'abord les mouvements vivants de la danse et de la marche rythmée. Il serait, je crois, plus juste de dire qu'elle en est imitée. Un maître de ballet pourra imaginer assis sur sa chaise ou, mieux encore, en se balançant sur son parquet, des pas et des figures de danse pour lesquels il chargera un musicien de composer une musique propre à en soutenir l'exécution. Je me demande si ce professionnel aura pu dans ce travail d'invention se passer de fredonner mentalement quelque air approprié. En tout cas, son invention ne saurait être réalisée sans musique. Et la marche inverse est assurément la plus naturelle et la plus commode : la musique d'abord, les pas ensuite, d'après la musique. Par les battues du rythme, elle nombre et mesure les pas et les évolutions. Par le tour et le dessein de la mélodie prise comme ligne elle les configure. Par les impulsions de la mélodie prise comme mouvement, par les sensations proprement vertigineuses de l'harmonie, elle crée l'animation qui fait danser, qui imprime aux mouvements de la danse la vie, la liberté, la verve que les chocs de deux planches entreheurtées ou les commandements d'un moniteur ne leur communiqueraient point.

Etrange phénomène et dont il appartiendrait au physiologiste et au psychologue de nous expliquer le mécanisme, s'ils le pouvaient, que cette prodigieuse vertu motrice inhérente aux impressions auditives musicales et à elles seules entre toutes nos impressions sensibles. La musique fait marcher, elle fait bondir, elle fait danser. Comme c'est curieux ! J'avoue mon intelligence beaucoup plus frappée par ce problème que par celui de savoir si, comme le veut Schopenhauer, c'est le fond absolu des choses, le principe intérieur, le Dieu souterrain de l'univers qui exprime en elle son inexprimable pensée. Il est vrai que les deux problèmes n'en font peut-être qu'un. N'est-ce pas en définitive le Démiurge cosmique qui fait danser tout ce qui danse en ce monde où il n'y a rien qui ne danse peu ou prou, puisqu'il est bien connu que la raison ne le mène point ? Mais la métaphysique n'est point mon sujet et la question devant laquelle je me trouve est la suivante. Par son dynamisme essentiel, la musique suscite et entretient l'animation, le feu intérieur de la danse. Par son rythme elle en scande les mouvements. Jusqu'à quel point d'exactitude l'action qu'elle exerce ainsi modèle-t-elle ce sur quoi elle s'exerce ? Et qu'abandonne-t-elle à la fantaisie du chorégraphe ? Ne peut-on exécuter sur un même air des danses bien différentes par les figures et les significations ?

On voit ce qui me préoccupe : c'est de savoir si le phénomène musical a avec quelque autre genre de phénomènes le même lien serré qu'a l'expression poétique avec les états psychologiques ou l'expression picturale avec les formes naturelles.

Laissons de côté les danses de salon, exemple trop pauvre. Ne nous attachons qu'aux danses de style. (Et j'entendrai par là non seulement toute musique écrite pour faire danser, mais toute musique sur laquelle on pourrait danser ou imaginer les figures de quelque danse idéale, ainsi les *scherzos* des symphonies classiques).

Une telle musique a rapport à la fois aux mouvements de la danse et aux mouvements de l'âme qui trouvent ou pourraient trouver dans les mouvements de la danse leur plausible manifestation. L'objet sur lequel elle se façonne est psychique et matériel tout ensemble ; et il l'est indiscernablement. Elle a deux significations expressives étroitement conjointes et inséparables. Cependant l'objet double et un qu'elle doit reproduire, elle le reproduit dans une forme, la forme sonore, autre que les formes dans lesquelles il existe. Sous cette forme, le reconnaît-on à coup sûr ? Ne va-t-on pas se méprendre sur ces significations ? Une méprise grossière, totale, qui ferait prendre une chose pour son contraire ou pour ce qu'il y a de plus différent d'elle-même, semble réellement impossible. On ne confondra pas du gai avec du triste, du voluptueux avec du hiératique, du bachique avec du funéraire, de l'endiablé avec du religieux et du solennel. Mais ces grosses catégories d'expressions laissent place entre elles à beaucoup de nuances (et plus que des nuances) fort tranchées sur lesquelles le plus subtil auditeur se trompera, faute d'une danse exécutée devant lui par des danseurs parés d'attributs qui ne laissent pas de doute sur leurs fonctions, ou faute d'être initié aux intentions formelles du compositeur.

Telle musique énergique et pesamment accentuée soutiendra également bien une danse de vigoureux rustres et une danse de guerriers antiques. On trouverait chez le plus grand et le plus splendide entre tous les musiciens chorégraphiques, Rameau, maints exemples de ces possibles interversions de rôle. La marche funèbre de Chopin pourrait, moyennant quelques légères inflexions d'exécution, accompagner avec vraisemblance le somptueux cortège d'un roi puissant. La marche nuptiale de *Lohengrin* pourrait servir de marche funèbre pour un jeune héros. La forte (et même trop forte) musique de la *Tragédie de Salomé*, de M. Florent Schmitt d'après un poème d'Oscar Wilde, pourrait être appliquée à un ballet pantomime dont le sujet serait pris dans l'*Assommoir* de Zola ou tout autre ouvrage d'esthétique similaire. Au personnage de Saint Jean-Baptiste y serait substitué celui d'un ivrogne sentencieux et vitupératif.

Nous conclurons de là que la musique chorégraphique (formellement ou virtuellement chorégraphique) est imitative, mais en un sens large qui laisse la place à beaucoup d'indétermination. Elle a un modèle naturel, mais elle n'en reproduit qu'approximativement le contour. Elle a avec lui une relation bien moins serrée que n'a l'expression poétique avec la réalité psychologique et morale, ou bien la peinture avec les figures du monde physique. Elle est donc bien plus libre que ces arts. Elle dispose d'un champ relativement plus grand de combinaisons. Elle a plus d'espace devant elle. Son modèle naturel est plutôt le tremplin où elle prend et reprend élan que l'objet dont elle a proprement la figure à rendre. Sa liberté souffre cependant une restriction dont on verra plus loin l'importance. Le monde des sons, doué de certaines propriétés magiques qui ne sont qu'à lui, est en lui-même, un monde bien plus borné que le monde des pensées et celui des formes.

***

Après la musique qui fait remuer les jambes, parlons, toujours au même point de vue, de la musique qui exprime les sentiments. Ce n'est pas, autant qu'on pourrait le croire, changer de domaine. La musique exprime les sentiments, mais elle serait bien empêchée de les définir, et, sans le commentaire des paroles, absent de la musique instrumentale, l'auditeur reste toujours dans un certain vague quant à la nature et à l'objet du sentiment dont s'est inspiré le musicien. Au contraire, l'intensité de ce sentiment le saisit, si du moins la musique est bonne et jaillie de source. Voilà donc une imitation d'un ordre particulier. Elle prend son modèle par un certain côté qui nous y intéresse fortement, sans pourtant suffire à nous le faire reconnaître. Ce côté, je le désigne d'un mot : c'est le côté moteur.

Tous les états de la sensibilité sont moteurs. Le langage lui-même en contient la preuve. Il les appelle des émotions. Et il reconnaît dans les divers genres d'émotions des effets moteurs distinctifs qu'il désigne avec des termes tels que dépression, concentration, exaltation, élan, soulèvement, transport et autres de même sorte. Ces mots ne sont-ils pas de ceux dont on se sert aussi pour rendre les impressions reçues d'une certaine musique et celles qu'on croit ou sent l'avoir dictée ? Les esprits qui sentent finement la musique conviendront de cette observation que, même la plus lente d'allure et la plus méditative de tour, suggère une pantomime interprétative qui pourrait s'exécuter pendant qu'on la jouerait et qui en déterminerait en un certain sens la signification émotionnelle plus ou moins flottante. On peut même tirer de là un excellent jeu parodique, si j'en juge par le fou rire que provoquait un de mes amis en mimant, sur les premières mesures du prélude de *Tristan*, les phases d'un mal d'estomac qui aboutissait à un cataclysme. C'était criant de rendu caricatural. Rien de plus naturel que cet effet. Tout dans la musique est mouvement et mouvement vivant, non seulement le rythme, qu'il faut bien se garder de confondre avec la mesure (aller en mesure n'est pas du tout avoir du rythme), mais la mélodie et l'harmonie. A l'école, la mélodie n'est-elle pas appelée le « mouvement mélodique » ? Et le caractère harmonique d'un morceau ou d'un passage ne tient-il pas à la façon dont s'y enchaînent et s'y succèdent des accords qui n'ont, pour ainsi dire, pas de sens isolément, en d'autres termes, aux mouvements relatifs des parties ? Mouvement avant tout, il est bien naturel que la musique ait le rapport d'expression le plus étroit avec des phénomènes de mouvement.

Faire de la musique l'instrument expressif et comme la mimique sonore de la motricité émotionnelle, ce n'est pas, comme certains pourraient le supposer, en rétrécir le champ d'expression. Tout d'abord, les effets moteurs des émotions ne sont pas seulement ceux-là, les plus gros, qui se manifestent au dehors en attitudes

des membres et en jeux du visage. Il y a aussi ceux qu'on ne voit pas et qui affectent le système vasculaire, les viscères, les fibres et toutes les parties subtiles des organes intérieurs. A la vérité, ce sont ces derniers qui, en atteignant un certain degré d'accumulation intensive, produisent les manifestations extérieures de nos émotions ; ils s'y déchargent, pour ainsi dire. Les émotions violentes, colère, fureur, joie, désolation, désespoir, correspondent à des secousses internes trop fortes pour se briser contre les parois intérieures du corps et ne pas lui imprimer mille agitations extérieures caractéristiques. L'éducation, une grande habitude d'effort sur soi-même peuvent comprimer le jeu de ce mimétisme spontané et en arrêter les débordements ; il est un minimum de signes, tels que altérations de la physionomie, légers tremblements corporels, qu'elles ne sauraient empêcher d'apparaître en aucun cas d'émotion vraiment vive. Elles ne sauraient paralyser la force motrice qui déclanche ces signes externes, ou bien il faudrait qu'elles eussent formé un homme à n'être jamais ému violemment. Car le jeu de cette force motrice fait partie de l'émotion même, elle en est un des éléments constituants. Ce qu'il faut ajouter, c'est que cet élément toujours présent, est d'ailleurs variable en degré, selon la constitution nerveuse des individus et la délicatesse de leurs appareils moteurs périphériques. Et ce qui est d'une importance capitale, quand il s'agit de faire la psychologie de la musique, c'est que cette variabilité ne se montre pas seulement d'individu à individu, mais aussi de peuple à peuple, de race à race, de latitude à latitude. Les Italiens sont le peuple d'Europe chez qui la mimique des émotions est le plus mobile, le plus prompte, le plus nuancée, et je dirais le plus élégante. Aussi leur a-t-il appartenu de créer l'opéra, l'expression musicale des émotions dramatiques. Le lien des deux faits est indiscutable. Les Anglais, les Hollandais, les moins exubérants des Européens, n'ont jamais fait d'opéras, ou c'est tout comme. Chez les peuples germaniques, l'opéra est d'importation italienne et française. De très grands musiciens allemands comme Beethoven, Schumann, ont échoué au théâtre. Pour ceux qui comme Mozart, Gluck, Wagner, y ont réussi avec éclat, la race germanique peut s'enorgueillir d'eux; mais par leur culture et leur vie essentiellement cosmopolite, ce sont des européens. Les Français sont, avec les

Italiens, les meilleurs sur la scène musicale, du moins pour la vérité dans le mouvement du drame. Mais c'est dans le genre tempéré qu'ils valent surtout. L'histoire nous montre les Italiens, également maîtres du tragique, avec Monteverde et Verdi, et du comique avec Cimarosa et le Rossini du *Barbier*. L'opéra est du midi.

Il est une autre classe d'émotions dont la nature exclut la violence et qui ne sont pas plus faibles pour cela, tant s'en faut. Elles ne se manifestent pas, normalement du moins, en signes extérieurs et c'est sans doute pour ce motif qu'on les appelle volontiers « intérieures ». Ce sont les émotions qui naissent non d'une crise des passions excitées, non d'un sursaut des instincts offensés, mais d'un sentiment habituel de l'âme et lié à sa vie même. Une occasion peut les déterminer, mais elle les détermine par insinuation pénétrante plutôt que par choc. L'idée de l'objet auquel elles s'attachent est plus riche que l'idée de l'objet qui provoque les émotions de forme dramatique et qui est saisissante et forte, mais relativement courte. Les émotions de la tendresse, celles que font naître les images de la religion ou de la patrie, celles qu'inspirent les souvenirs du passé, la perte de la jeunesse, la mémoire des êtres chers et des jours heureux, la contemplation générale de la vie humaine, les spectacles de la nature et des saisons, sont de ce genre. Appelons les, comparativement aux émotions dramatiques, et sans trop défendre ce choix de termes, les émotions lyriques. Il serait d'un « spiritualisme » bien simplet, d'inférer de leur défaut de manifestations extérieures, qu'elles ne sont point motrices comme les autres et qu'elles ne consistent point, pour une part essentielle, en certains mouvements spécifiques et appropriés des organes. Ici seulement le parcours de ces mouvements organico-affectifs se déroule et expire au dedans. Un esprit pur (à supposer qu'une telle expression eût un sens pour nous et répondit à quelque chose de concevable) étant immobile, puisqu'il serait immatériel, n'aurait pas d'émotions, même de l'ordre le plus élevé. Il n'aurait de toutes choses (à en juger du moins humainement) que des idées aussi froides que lucides. En fait, un observateur attentif peut suivre en partie les palpitations viscérales attachées aux émotions supérieures dont nous parlons. Et parfois ces palpitations s'accroissent et se pressent au point de susciter quelques manifestations visibles qui mettent à la gêne un homme bien élevé. Une pensée d'amour, une belle stance poétique nous mouillent les yeux. En ces larmes déborde une onde intérieure partie des centres nerveux. C'est là, c'est dans ces parties organiques les plus délicates, que ces émotions, jusqu'à celles qui correspondent au plus haut degré d'élévation de notre nature, ont leur jeu moteur, jeu d'autant plus complexe qu'il se joue en un être d'une constitution organico-psychique plus fine et plus riche.

Comme la musique dramatique a pour modèle inspirateur le jeu moteur des émotions dramatiques, ainsi la musique lyrique a pour modèle inspirateur le jeu moteur des émotions lyriques. Que si l'on me reprochait d'appliquer l'idée rigide de modèle à un genre de phénomènes aussi variables et, en tout cas, aussi peu connus dans leur contexture et leur détail, je dirais au moins qu'entre tous les phénomènes de la nature, il en est un avec lequel la musique a une affinité tellement étroite, que, sans lui, elle n'existerait point et que c'est celui-là. *La raison d'existence de l'art musical ne réside pas dans le seul fait de la sensibilité auditive de l'homme. Elle réside dans la relation intime et spéciale qui rattache la sensibilité auditive aux ressorts de la motricité vivante et tout particulièrement de la motricité psychique.* Cette assertion ne paraîtra singulière qu'aux esprits qui, faute d'une sensibilité musicale suffisante, ne percevraient pas assez les poussées motrices de la musique elle-même, poussées horizontales du rythme se composant avec les poussées tour à tour ascendantes et descendantes de la mélodie et portées sur les vagues de l'harmonie. Y a-t-il meilleure image du mouvement vivant, qu'il faut bien se garder de confondre avec le mouvement mécanique ? Celui-ci est, en réalité, un fait d'inertie. La rectitude ou la constance de la ligne sur laquelle il s'exerce et sur laquelle faute de résistances, il se poursuivrait indéfiniment, prouve que la force vive qui l'a déterminé n'agit plus et qu'ayant produit son effet d'un coup, elle s'est retirée de la scène. Dans les mouvements organico-psychiques au contraire, la force génératrice continue d'adhérer aux mouvements qu'elle engendre et elle compose la constante variation intensive et qualitative de ses pulsations avec la résistance de masse et de poids des éléments qu'elle met en jeu. Voilà du moins sous quels aspects une conscience psychologique attentive saisit les choses, de quelque façon qu'une métaphysique ou bien une physiologie systématique se les représentent, chacune à son point de vue. Et c'est ainsi que dans la création musicale (et la simple exécution est création à un certain degré) les impulsions supra-mécaniques du sentiment ont sans cesse à s'équilibrer avec les résistances et propriétés mécaniques de divers matériaux sonores.

Un mot, fréquent entre artistes et qui peut étonner les profanes, met très bien en lumière cet aspect de l'art : « Un tel, disent-ils, n'est pas musicien ». Notez (tout l'intérêt est là) qu'il s'agit d'un professionnel parfaitement initié à son métier, ferré à fond sur l'harmonie, le contrepoint et la fugue, virtuose de quelque instrument, habile à faire marcher un orchestre à la baguette, peut-être même compositeur de métier. Il n'est pas musicien ! Qu'est-ce à dire ? Que chez lui, la finesse motrice ne s'égale pas à la justesse et à la formation de l'oreille. Son sens rythmique est sans vigueur et sans liberté ; son sens mélodique tiède ; son sens harmonique pesant. Ses interprétations sont irréprochables. Les connaisseurs ne lui en savent aucun gré. Rien n'y manque et tout y manque ; tout, c'est-à-dire le démon qui se remue au sein de la vraie musique et sans lequel elle est son, mais non point musique.

L'analyse, qui distingue dans le fait de l'émotion un phénomène de pensée, c'est-à-dire une raison d'être ému qu'on se représente et un phénomène ou un ensemble de phénomènes moteurs, sépare artificiellement ce que la nature a uni, ce dont elle a formé un unique courant d'électricité vitale. Cependant il faudrait être bien dénué de psychologie pour ne pas concevoir que ce courant se puisse précipiter dans les deux sens et s'allumer également par l'une et l'autre de ses extrémités. Le cas qu'on se représente le plus aisément, parce que c'est le cas logique, c'est celui où le mouvement émotionnel est consécutif à l'idée ou à l'image de l'objet propre à nous affecter. Mais des expériences familières nous montrent ces mouvements s'emparant du sujet sans l'intermédiaire de représentations et éveillant dans son esprit des images en accord avec eux. Souvent les inflexions de voix, gestes, jeux de physionomie d'un orateur plein d'action, agissent par eux-mêmes sur l'auditoire et y produisent des effets d'une intensité très disproportionnée au sens des paroles qui, d'elles-mêmes, eussent laissé nos gens froids. Un mime au jeu puissant, qui feint devant nous certaines passions, nous communique des mouvements, bien plutôt que les idées mêmes qu'il a dans l'esprit et sur lesquelles il règle sa mimique ; ces mouvements touchent notre imagination et y font naître des idées ressemblant approximativement à celles qui soutiennent le jeu de l'acteur. Voilà le cas qui se rapproche le plus de la musique. La pantomime est la musique des yeux. Mais ses ressources sont bornées et sa puissance peu considérable.

Si nous définissons les émotions par le côté représentatif, c'est-à-dire par les qualités de l'objet auquel chacune d'elles s'attache, nous en trouverons une variété infinie. Cette variété est beaucoup moindre si nous les définissons par leurs propriétés motrices. Des objets très divers excitent des mouvements viscéraux semblables qui ne se différencient que par des nuances. Spinoza et généralement les Cartésiens ne reconnaissent à ce point de vue que deux manières d'être affecté : la joie et la tristesse ; d'une part, l'expansion, l'ascension, l'exaltation de la force vitale, du *tonus* organique, de l'autre, sa chute, son refoulement. L'objet d'imitation de la musique est donc très simple, comparé à celui de la poésie. La poésie fait naître l'émotion par l'idée et elle y aide par l'incantation des vers. Elle maintient un équilibre entre l'intensité de l'émotion et son sujet, qui est précis. La musique fait naître l'émotion par l'ébranlement et là-dessus l'imagination de l'auditeur brode. Le musicien créateur extrait d'une image inspiratrice tout ce qu'elle recèle pour son âme ultra-vibrante, de force vive musicale. C'est cette force vive qui nous saisit et fait surgir en nous des images *ad libitum*, contenues toutefois en certaines limites par la qualité et les formes du dire musical. De là, ce vague d'expression inhérent à la musique, qui a fait dire aux Allemands qu'elle exprimait directement Dieu.

Je vois bien le sévère jugement dont un philosophe, un moraliste qui n'aiment pas la musique, pourront trouver là le prétexte. Art inférieur dira l'un. Art dangereux, prononcera l'autre. Ils devront songer cependant que les lois les plus rigoureuses président aux agencements sonores d'une bonne musique et que cette rigueur nécessaire, source de grandes joies pour l'intelligence du connaisseur, doit sans doute entrer en ligne de compte quand il s'agit d'apprécier ce côté flottant du sentiment avec lequel elle forme un si singulier contraste. Nous toucherons ce point tout à l'heure. Voici une remarque dont l'opposition à ce dur jugement est directe et d'où ressort le prix supérieur, sans pareil que prend le « vague» de la musique, quand c'est un vrai grand artiste qui le manie.

La musique a sur ceux qui la sentent un genre de puissance qui n'appartient qu'à elle et que nous appellerons vertigineux. Les mouvements d'émotion imaginative qu'elle suscite ont une intensité d'élan et, si je puis dire, une force et une ampleur d'irradiation intérieure qu'on ne saurait trouver dans les mouvements émotionnels provoqués par des idées adressées à l'esprit ou par des images visuelles, ces dernières possédant d'autres vertus, qui leur sont propres. Par là, elle hausse et tend le dynamisme de l'âme plus qu'un autre art ne le saurait faire, plus que ne le sauraient faire les conceptions, les sentiments, les images les plus aptes à l'exalter par leur présence. Certes elle n'en remplace pas l'action, elle ne supplée pas aux nobles pensées ; elle n'en est point par elle-même la source ; elle ne produirait pas ses beaux effets sur une âme qui ne vivrait pas, musique à part, à un certain niveau de noblesse habituelle. Mais elle agit à l'égard des pensées nobles de tout genre comme un merveilleux adjuvant ; elle les rend plus intenses et plus pressantes ; elle les stimule à s'outrepasser elles-mêmes, à déployer sans mesure leurs latentes énergies afin de remplir le cadre vibrant de son pathétique illimité. Son mouvement est-il celui de l'héroïsme ? Elle ajoute aux impulsions héroïques un incomparable feu. Est-il celui de la contemplation ? Elle prête à notre vision philosophique de la destinée ou de l'univers une ampleur de rêve. Est-il celui de la grâce, de l'amour, de la prière ? Elle met l'âme en idéale harmonie avec de plus purs objets de complaisance, de tendresse ou d'imploration que tous ceux qu'elle pourrait saisir par les sens ou concevoir par réflexion.

Cette puissance, demandera-t-on, s'exerce-t-elle toujours dans le sens des émotions supérieures ? Ne peut-elle, comme on l'en accuse, se surajouter aux émotions des sens, les rendre irrésistibles et folles ? Je ne le pense pas. Les ondes de la musique éveillent dans nos instincts un secret frémissement ; mais elles les soulèvent et les tournent vers la Vénus universelle. On m'a parlé de personnes à qui le prélude de *Tristan* fait autant perdre leur sang-froid qu'un excès de boissons spiritueuses ou stupéfiantes. Si, comme je crois le comprendre, ce n'est nullement au cœur que ces personnes ont chaud, n'incriminons pas la polyphonie wagnérienne. Le trémolo du tzigane sur la chanterelle eût suffi. Et même était-il besoin de violon ? Laissons à chaque chose naturelle le mobile que la bonne nature lui a donné. Celui qui ne sent pas la musique poétiquement est au-dessous d'elle. Je ne lui ai jamais dû, quand elle était belle, que la libération de l'esprit.

***

Après la musique chorégraphique, la musique dramatique et la musique lyrique, je devrais traiter de la musique descriptive. J'entends sous ce mot la peinture musicale directe des spectacles de la nature, non pas le rendu musical des états de sensibilité qui en sont l'écho et comme le prolongement dans une âme lyrique. C'est dans ce second genre que Debussy a été un exquis interprète de la nature et surtout de ces phénomènes délicats et fragiles, comme les phases lumineuses de l'aube ou du crépuscule, dont la brève durée laisse à un poète voluptueux tant de nostalgie. C'est dans ce genre encore que je rangerais les divines pages de *Parsifal* qu'on nomme l'*Enchantement du Vendredi Saint*. Dans le domaine de la description directe, du pittoresque musical proprement dit, les polyphonistes vocaux du XVIe siècle ont fait des merveilles ; après eux, nos clavecinistes et nos musiciens de théâtre au XVIIIe. Au XIXe, Wagner en a donné des exemples, d'un relief et d'une grandeur admirables : ainsi la tempête dans l'ouverture du *Vaisseau fantôme*, le Rhin roulant ses ondes au début de l'*Or du Rhin*. Les *Murmures de la Forêt* dans *Siegfried* participent des deux modes. Le bruissement du feuillage, l'haleine des bois, rendus par les batteries des cordes sont comme un fond d'où s'élance le cri de liberté d'une âme jeune et naïve. Il est assez manifeste que le grand moyen d'imitation musicale est ici encore le mouvement. La musique imite les choses dans leurs mouvements. Dans l'ouverture du *Vaisseau fantôme*, le thème foudroyant en *mineur*, c'est les assauts répétés de l'ouragan contre le navire dont les cordages chantent et la carène gémit. Le thème en *majeur*, serein et d'une grâce qui ondule comme les jeux des dauphins à la surface des flots, dit l'apaisement du ciel et le sourire de la mer à l'azur débarrassé des nuées. Au prélude de l'*Or du Rhin*, on voit les profondeurs du fleuve balancer majestueusement leurs énormes masses d'eau, éternelles indifférentes aux tempêtes et aux soulèvements de son cours.

***

Musique et mouvement, nous avons, tout au long de notre analyse, montré entre ces deux phénomènes le rapport le plus proche et le plus continu. La musique se modèle sur des mouvements donnés ; elle détermine des mouvements qui se modèlent sur elle. Y a-t-il vraiment là imitation ? La musique est-elle un art imitatif ?

Dans un art qui a ce caractère, il faut bien que l'instrument de l'imitation soit du même genre que les objets imités. La peinture imite des formes avec des formes. La poésie rend des pensées en agençant des mots qui sont des éléments de pensée. De la musique nous n'avons cessé de dire qu'elle est mouvement vivant. Elle est donc de la même nature que ce qu'elle imite ? Oui, mais il y a une différence essentielle. Elle est un mouvement vivant *sui generis*. Les autres mouvements vivants ont une figure, et non seulement ceux de la danse ou des passions dramatiques et exubérantes, mais ceux-là aussi que les émotions intimes et lyriques soulèvent dans les éléments organiques intérieurs ; ils se dessinent dans l'espace ; ils sont des mouvements au sens propre. Le mouvement musical n'est mouvement qu'au sens figuré ; il n'a pas de figure ; les sons n'ont pas de figure ; l'oreille ne perçoit pas des formes ; la musique donne l'irrécusable impression d'un mouvement, et chacun de nos lecteurs a pu expérimenter que rien ne se fait accepter comme de la définir de la sorte ; elle n'en est pas un à la lettre. Elle ne constitue donc pas véritablement une imitation. On l'appellerait plutôt une suggestion, une évocation ou transposition évocatrice. Son rapport au modèle n'est pas celui du même au même, mais de l'analogue à l'analogue, du sympathique au sympathique.

Encore la musique se rapprocherait-elle davantage d'un art proprement imitatif si l'on constatait une correspondance fixe et constante entre certaines formes musicales et certaines figures de mouvements, si la musique avait un vocabulaire moteur. Existe-t-il rien de tel ? Il serait excessif de le nier. Observez que la *Marseillaise*, le *Chant du départ*, le thème de la *Chevauchée des Walkyries*, celui de l'héroïsme de Siegfried, celui de nombreuses marches d'infanterie, celui de la charge, débutent par la même formule, le saut ascendant de la dominante à la tonique, la *quarte montante*, comme eût dit Willy du temps où il mettait l'esthétique musicale en calembours. Dans tous ces cas, ce qu'il s'agit de traduire, c'est un vif mouvement en avant, un départ impétueux, que ce soit celui du corps dans la marche guerrière et l'assaut ou bien celui de l'âme dans l'élan des résolutions généreuses et de l'enthousiasme. Il semble que ce tour soit ici le seul approprié et qu'il possède pour rendre cet ordre d'impulsion, un vrai monopole. On le trouverait cent fois employé par les maîtres dans une pensée analogue et je ne connais pas d'exemple aussi significatif que celui-là, d'un rapport fixe entre une certaine formule musicale et un certain sens moteur. On pourrait chercher d'autres exemples. On pourrait, en butinant dans les belles œuvres, spéculer avec goût et finesse sur les vertus expressives attachées à la tierce, à la quinte, à l'octave, et ramasser toutes ces remarques dans une petite étude générale sur le vocabulaire de la musique. Pour ma part, je goûterais d'autant plus ce travail qu'on l'aurait écrit avec moins de dogmatisme et que les ingénieux résultats en seraient donnés comme incertains et même arbitraires. Car ils ne sauraient être solides et sûrs ; et cela pour deux raisons.

La première, c'est qu'une même formule mélodique change nécessairement de sens expressif avec les diverses époques musicales à cause de la diversité des significations harmoniques qu'y attache, selon l'époque, l'oreille des auditeurs et qui en modifie profondément la couleur et l'effet. Même ce bond de quarte, si vigoureux, si éclatant, n'eût peut-être pas fait bondir les jambes ni le cœur d'un Grec, d'un homme du moyen âge, pour l'ouïe de qui ces deux simples notes ne se fussent pas étoffées, comme elles font pour la nôtre, de la richesse des deux accords successifs de septième de dominante et de tonique que *nous sous-entendons* en elles, au sens le plus propre de ce mot, et qui sont devenus dans les temps modernes le pont aux ânes de la musique. La seconde raison, et qui mérite bien plus de considération encore, c'est que, selon la profonde remarque de Glück, la musique ne dispose pas, tant s'en faut, d'une grande variété de formules, mais qu'elle dispose des plus puissants moyens pour varier infiniment l'effet de ses formules à l'aide des contrastes, contrastes des rythmes, des mouvements, des intervalles, des timbres et surtout contrastes des tons, ou modulations. La modulation, voilà l'instrument royal de l'expression musicale, celui dont les grands maîtres seuls savent user, alors que les moindres ne savent qu'en mésuser. Dans le vocabulaire poétique, le sens que les termes tirent d'eux-mêmes a pour le moins autant d'importance que le sens relatif qui tient à leur place dans le discours ; pour les termes du vocabulaire musical, c'est beaucoup plus par leur rapport à ce qui les précède et à ce qui les suit dans le discours, que par leur acception absolue qu'ils veulent dire ce qu'ils veulent dire. Comment, dès lors, en former un dictionnaire où leur serait attachée quelque immuable définition ? L'idée d'un vocabulaire de la musique n'est pas dénuée de toute valeur. Mais elle est fragile, décevante et ne mérite pas qu'on y fasse fond.

Ainsi s'explique la mutabilité spéciale du langage musical. La musique est, de tous les arts, le moins assujetti ; son modèle, de tous les modèles naturels, le moins assujettissant. Alors que les autres phénomènes de la nature ne sont rendus que par imitation, celui-ci (le dynamisme des mouvements vivants) se laisse rendre par transposition ou par évocation, et la musique est le magique instrument pour cela. Or, transposer, évoquer est chose beaucoup plus libre qu'imiter et qui se peut exécuter en beaucoup plus de manières. La permanence du modèle s'accommode ici de la variabilité dans le moyen d'expression à un beaucoup plus haut degré que dans les arts plastiques et la poésie. Si les significations musicales tiennent bien moins au choix des éléments sonores employés pour les rendre, qu'à certains effets d'opposition ménagés entre ces éléments, ceux-ci peuvent matériellement se renouveler et faire place à d'autres sans qu'en soient modifiées les facultés expressives de la musique, puisque les éléments nouveaux se prêtent aux mêmes jeux de contrastes que les anciens. Telles sont les raisons pour lesquelles le langage musical a beaucoup plus de liberté de se transformer et évoluer que le langage poétique.

Quant aux causes positives qui le font se transformer en fait et entretiennent en lui comme une perpétuelle fermentation de changement, elles peuvent, me semble-t-il, se ramener à trois chefs : usure de la sensation, révélations de l'expérimentation harmonique et de l'expérimentation des timbres.

Il n'y a pas d'art dont le langage agisse plus sur les nerfs et par les nerfs, que la musique. Cela n'en exclut aucunement, nous l'avons vu, les nobles effets. Mais si purs et si hauts soient-ils, ceux-ci doivent passer par la fibre ; ils en exigent l'intensive secousse ou le voluptueux frémissement. Rien cependant ne s'use comme une impression nerveuse et surtout une impression de plaisir. On s'y accoutume, son action s'affaiblit. Des tours de mélodie, qui furent, au début de leur usage, un enchantement, perdent leur éloquence. Des combinaisons harmoniques qui avaient ébloui les oreilles d'une génération deviennent fades pour la génération suivante. On n'en veut plus. On n'ose plus s'en servir. C'est comme un coloris flétri par les ans, un beau tissu déteint. L'extrême matérialité des moyens de l'art musical lui crée comme une nécessité de transformer, d'époque en époque, sa matière même.

Une circonstance dont l'influence s'est très inégalement fait sentir aux diverses époques de l'art, mais s'est montrée prépondérante dans l'époque moderne, est venue l'y aider, en même temps que, pour sa part, elle l'y excitait. Je veux dire l'expérimentation auditive des combinaisons harmoniques nouvelles ou plutôt l'invention des instruments qui ont fourni aux musiciens les moyens de cette expérimentation. J'ai fait observer que la connaissance des consonnances les plus simples, des « notes qui s'aiment », comme disait Mozart enfant, était le fruit des expériences de l'oreille et non pas des calculs mathématiques. Des cordes, des voix, sonnant agréablement ensemble, ont révélé à des hommes sensibles les fondements de l'harmonie. A mesure que progressait l'art du luthier, il a été donné à l'oreille de percevoir la production simultanée d'un plus grand nombre de sons et d'en goûter les effets flatteurs. De là les acquisitions successives et l'organisation progressive de la science harmonique. Sans avoir suivi la question en détail, je serais bien porté à croire qu'on trouverait de très frappantes corrélations entre le développement du matériel instrumental et le développement de l'harmonie en chaque siècle de la musique. Nulle invention n'a eu à cet égard d'aussi riches conséquences (ni peut-être d'aussi périlleuses) que l'invention du piano. Sa structure, permettant de conserver autour d'une masse de notes frappées ensemble une sorte de bain sonore fait de la résonnance prolongée d'une masse d'autres notes, a procuré à l'oreille des délectations nouvelles, parfois équivoques. Les musiciens y ont expérimentalement puisé l'audace d'employer des combinaisons qui ne leur eussent jamais paru possibles d'après les principes, expérimentaux eux-mêmes, sur lesquels reposait l'harmonie classique. Les développements caractéristiques de l'harmonie la plus moderne sont issus, pour une notable part des bonnes (ou dangereuses) fortunes du clavier.

Ajoutons-y les bonnes fortunes des timbres. Un instrument nouveau, c'est un timbre ou plutôt un ensemble de timbres nouveaux. La combinaison des timbres adoucit ou rend piquants des « frottements » de notes qui semblaient d'une dureté insupportable quand ces notes étaient émises dans le même timbre. L'oreille s'accoutume à ces heurts de sons et n'a plus besoin de tels ménagements pour les agréer. Ils passent dans l'usage général de l'harmonie. L'incroyable floraison des inventions de la lutherie depuis un siècle et demi (l'orchestre de Rameau était à l'orchestre moderne ce que l'épinette était au piano ou même à l'orgue) a donné à ce facteur d'évolution une importance qui n'est pas médiocre.

Telles sont les causes constantes qui agissent sur le langage de la musique pour le transformer. Le fait de cette transformation a pour ceux qui ne peuvent l'apprécier techniquement par la lecture des partitions musicales un irrécusable signe historique. C'est le nombre des grands musiciens dont la langue nous semble présentement la douceur même et qui ont été accusés de cacophonie par leurs contemporains, accoutumés à une autre langue. Ç'a été l'aventure de Lulli, de Rameau, de Wagner. Berlioz se bouchait les oreilles aux premières mesures du Prélude de *Tristan*. On peut soutenir que la manière d'écrire qui s'annonce dans ce morceau a eu par sa signification expressive une mauvaise influence sur les sensibilités. C'est une opinion. Pour ce qui est de l'effet matériel, de la pure impression sensible, cet emploi de l'harmonie ne blesse plus personne. L'oreille y est faite.

Et me voici ramené devant le problème qui a inspiré cet écrit. Comment les beautés musicales sont-elles durables alors que la matière dont elles sont faites a si peu de stabilité ?

CHAPITRE IV

Les éléments durables de la musique : vérité de l'inspiration, qualité du style, équilibre des moyens. — Action modératrice et ordonnatrice de ces éléments sur les transformations de son langage. — Les changements du langage musical sont légitimes quand ils répondent aux besoins renouvelés de l'expression ; pernicieux, quand ils sont recherchés pour eux-mêmes.

Parmi les éléments constitutifs d'une œuvre musicale, il y en a qui sont indépendants du langage particulier dans lequel elle est écrite et des formes d'expression propres à la période où elle a paru. C'est de ces éléments que les œuvres tiennent leur valeur. Elles sont faibles, s'ils sont faibles, communes s'ils sont communs. Elles sont vivantes, s'ils ont de la vigueur ; elles sont belles si leur vigueur se pare d'un caractère harmonieux. C'est par eux qu'elles se conservent et échappent à la ruine dont les menaçait la caducité propre de la matière dont elles sont constituées. Ces éléments, je les ramasse sous ces deux termes : la vérité de l'inspiration, le style ; ou bien sous ces expressions équivalentes : la force vive du mouvement animateur, l'ordre relatif de ce mouvement.

C'est une chose étonnante et merveilleuse pour l'intelligence que de constater dans une forme musicale le frémissement vivant de l'inspiration d'où elle a jailli. L'arsenal où cette forme est puisée est si restreint ! On se demande comment il peut suffire à la manifestation du génie individuel, en épouser la variabilité comme inépuisable. S'il y a plusieurs langues musicales possibles (dans le sens que je me suis appliqué à préciser) on n'écrit pas dans deux de ces langues à la fois et chacune d'elles offre un système assez borné, de peu de ressources comparativement à la langue littéraire. L'alphabet musical a tout au plus quatorze lettres, si nous évaluons à deux octaves (et c'est beaucoup !) l'espace sonore dont dispose la mélodie pour se déployer. Peut-on dire que ces lettres forment des mots ? Admettons-le. Les accords de l'harmonie (ceux qui ne tiennent pas le simple rôle de passage), les lieux communs du tour mélodique rempliront dans le discours musical une fonction équivalente à celle des mots dans le discours écrit ou parlé. Mais ils la rempliront faiblement. Car ces mots ou prétendus mots de la musique auront peu d'individualité, si on les compare à ceux du langage ordinaire, rien dans la musique n'ayant de sens et de relief que par relation. De plus, ils seront peu nombreux et ne pourront, dès lors, former ensemble que peu de combinaisons.

Comparons, à ce point de vue, une belle phrase poétique et une belle phrase musicale. Soit ces vers de Racine :

Dieux ! que ne suis-je assise à l'ombre de forêts !
Quand pourrai-je, au travers d'une noble pous-
[sière,
Suivre de l'œil un char fuyant dans la carrière ?

Nous trouvons là ce que l'on peut appeler des lieux communs d'expression : *Dieux* !... *assise à l'ombre... ombre des forêts... suivre de l'œil... fuyant dans la carrière*. Il y a aussi de ces lieux communs dans une belle phrase mélodique (pensez à l'air de la Comtesse : *Fleurs charmantes* dans les *Noces de Figaro*) ; ils consistent en certaines répétitions, certaines symétries, certaines alternances qui sont attendues et ont, une fois posé le point de départ, quelque chose d'obligé. Un auditeur tant soit peu sensible s'étonnerait qu'elles manquassent et en éprouverait du malaise. Nos impressionnistes, dont la culture remonte à Mallarmé plutôt qu'à Mozart, seront stupéfaits de me voir trouver admirables des inventions où je cueille ainsi le lieu commun, eux qui se flattent de le bannir absolument de l'art. Disons-leur qu'en poésie et en musique autant qu'en matière philosophique ou morale, il est impossible de parler sans recourir à des locutions qui ont mille fois servi. Le tout est que la personnalité, toujours en haleine, de la pensée ou du sentiment conserve à ces locutions une vie toujours renaissante et en renouvelle la physionomie et le lustre à chaque usage qui en est fait. Le lecteur ou l'auditeur aura alors la fraîche impression d'un discours entièrement nouveau. L'impressionnisme prouve, sans doute, une honorable horreur du banal ; il ne prouve malheureusement pas moins l'absence ou la chétivité de la personnalité et une résolution beaucoup trop héroïque de se mettre à la torture et de chercher l'impossible pour atteindre à l'originalité sans l'indispensable soutien du lieu commun. En quoi l'impressionisme ne mérite pas d'être mieux traité que sa bête noire : l'académisme, lequel, se tirant de la même difficulté par une solution inverse, cultive le lieu commun sans vibration personnelle, autrement dit le poncif.

Mais l'avantage de la poésie, c'est

que ses lieux communs de langage, s'offrant en grande abondance, parce qu'ils sont puisés dans le vaste réservoir des idées et des expériences humaines, peuvent nouer entre eux mille voisinages divers qui en ravivent l'effet par l'imprévu. C'est de cette manière que les vers de Racine individualisent aisément et sans forcer les rapports naturels des choses, des assemblages de termes reçus de l'universel magasin poétique. Les dieux, les forêts ombreuses, le char qui vole, la poussière dorée du stade et une belle princesse rêveuse qui contemple l'horizon, quelle extrême diversité de riches images et qui se rehaussent réciproquement, en arrivant de tous les côtés, mais toutes à point! Le musicien, à chaque phase du discours qu'il compose, ne se voit pas tant d'issues pour poursuivre ; il ne voit pas passer à sa portée tant de brillants oiseaux sur lesquels étendre la main. Le problème de « ce qui doit venir après » ne comporte pas pour lui, combien il s'en faut, tant de solutions. Si l'on s'amusait à traduire numériquement une mélodie en alignant les chiffres qui représentent les intervalles successifs des notes et leurs durées respectives, le profane serait surpris de la voir sans cesse repasser par les mêmes points et les mêmes figures. C'est ce qu'on peut constater dans l'harmonie chiffrée. Le cycle des accords est vite parcouru. Le même reparaît après très peu de temps. Et un œil exercé voit bien qu'en dépit de tout l'art du musicien pour nuancer et voiler la redite, ils reviennent souvent par groupes indissolubles.

Cette étroitesse de champ du jeu musical a été de la part des plus grands musiciens classiques (et je prends ce mot dans un sens très large qui lui donne pour pôles d'application d'une part Rameau et Bach, d'autre part l'œuvre wagnérienne excepté *Tristan*) l'objet d'un magnifique aveu où ils se sont complus. Bien loin qu'ils se soient évertués à s'évader de ses bornes, on dirait qu'il leur a convenu de les resserrer sur eux-mêmes, afin que leur génie y gagnât en concentration et en puissance explosive. Tels ces athlètes qui rendent plus difficiles les conditions de la partie pour s'obliger à plus d'effort et plus de maîtrise. Je veux parler du continuel usage mélodique que font ces maîtres de l'accord parfait, la plus simple de toutes les combinaisons de la musique. On composerait un volume en réunissant les thèmes de Bach, de Rameau, de Beethoven, de Wagner, qui ne sont formés que des trois notes de cet accord présentées dans un certain ordre, un certain rythme et avec certaines valeurs. Et ces thèmes sont parmi les plus célèbres qui soient sortis d'eux, parmi les plus saisissants qu'ils aient fixés dans la mémoire des hommes. Ils sont ceux-là sur lesquels ils ont édifié leurs ouvrages ou leurs développements les plus éclatants, les plus prestigieux et les plus forts. Voilà notre problème au plus haut degré de précision désirable : des effets d'expression fulgurante obtenus avec les trois notes (pas une de plus) que nos enfants solfient sans y penser et qu'un soldat souffle naïvement dans sa trompette.

La raison de ce phénomène est dans la prodigieuse plasticité motrice des sons, dans la docilité prodigieuse avec laquelle ils reçoivent le mouvement intérieur et se disposent selon la vigueur, la tenue et la courbe de son jet. Peu riche matériellement, le monde sonore compense la médiocrité de son avoir par son extraordinaire sensibilité à ce courant psychique dont les moindres vagues l'impressionnent, dont il sait rendre avec très peu de moyens visibles, les plus légères pulsations. Mais aussi faut-il se rendre compte de ce qu'est une idée en musique. L'essence d'une idée ne repose pas dans les éléments de diction musicale que le compositeur a pu noter sur le papier, dans la lettre de la mélodie et de l'harmonie, les valeurs, la mesure, la durée mathématique des temps, les nuances de *piano* et de *forte*. Tout cela peut être exécuté avec une exactitude irréprochable sans que l'idée soit le moins du monde rendue, sans que les points de sensibilité qu'elle visait soient touchés du tout chez l'auditeur.

C'est que l'essentiel n'y est pas. L'essentiel, pourrait-on dire, c'est ce qui n'est pas écrit et l'objet de ce qui est écrit (et qu'il faut d'ailleurs respecter scrupuleusement) est de le suggérer à un vrai musicien, afin que son interprétation en soit pénétrée. Il s'agit d'une suite d'inflexions indéfinissables et comme instinctives, où se reproduisent les palpitations de l'onde vivante qui, d'un train doux ou emporté, selon le sentiment, a soulevé l'une après l'autre dans la mémoire auditive du compositeur en travail de créer, les notes successives dont se compose le thème. Le thème formé, cette onde y reste prise et comme fixée. Pour la remettre en fusion il faut de la part de l'exécutant une action psychologique, je ne dis pas identique, mais analogue à l'action psychologique créatrice d'où elle a jailli et qui s'est comme moulée en elle, en frémissant. La suite des notes n'est que la ligne de déroulement que cette action s'est frayée. Que celle-ci soit rendue sensible par l'exécutant, c'est ce que le public traduit naïvement en disant qu'il joue ou chante « avec expression ». Il est vrai qu'on entend souvent par là un certain pathos vulgaire. Mais supposons une expression juste et noble : il importe de préciser qu'elle n'est pas un surcroît qui s'ajoute à la réalisation de l'idée, mais l'idée même, l'âme de l'idée. Est-elle absente ou fausse, ce n'est pas une diminution de ce que le compositeur a conçu, c'en est la destruction pure et simple. Le compositeur quitte désespéré la salle où il s'est entendu massacrer ou, qui pis est, annuler correctement et selon toutes les règles. Les créations du plus tumultueux des arts sont les plus fragiles. Un rien les anéantit.

Mais c'est pour la même raison qu'un rien les fait vivre et leur donne leur physionomie. La musique, disais-je, est de tous les arts le plus matériel. Il est également vrai de dire que c'est celui qui domine le plus sa propre matière. Sous l'irruption du feu intérieur, pourvu qu'il soit assez ardent, assez prononcé et impérieux de direction, cette matière, mettant ses lois et affinités propres au service de ce divin élément, se dispose dans l'ordre ferme et pur d'une ligne de beauté que le temps n'entamera point. Elle pourra perdre avec les années une certaine fraîcheur première de son coloris auditif. Elle paraîtra quelque peu pâlie à côté des étoffes sonores différentes dont se vêtira la pensée musicale des générations nouvelles. Sous l'extinction relative du châtoiement, la solidité de tissu restera entière. La jouissance de l'auditeur sera un peu moins sensuelle, un peu plus intellectuelle. Il jouira moins de la chair, plus de la forme. Mais la forme, c'est l'âme. La matière de la musique n'en entraîne pas l'âme dans ses changements. C'est son âme qui stabilise sa matière au prix d'un léger décharnement, qui est aussi une épuration.

Le chapitre de l'inspiration et de ses effets nous a mis en plein chapitre du style. C'est la nature des choses. Une inspiration réelle a par soi-même du style, parce qu'elle présuppose l'étude. L'étude n'est pas le don. Elle ne crée pas les énergies d'une nature inspirée. Elle les éduque et, par là, les préserve de se dévorer elles-mêmes. Elle leur ouvre les voies d'une dépense féconde et leur ferme les impasses. Elle oriente l'invention dans les directions aisées et spacieuses qui peuvent la mener loin ; et le sens de ces directions devient instinct et seconde nature chez le compositeur nourri de son art. Ce qu'il crée est le fruit d'une intime union entre sa personnalité et la quintessence de la musique des maîtres dont il est pétri. Les idées de l'autodidacte musical peuvent avoir de la séduction. Elles sont infécondes ; elles se terminent à leur énoncé même ; elles répandent d'un seul coup toutes leurs richesses ; elles ne contiennent pas cette réserve de force vive, ce souffle concentré et latent qui pourrait, en se déployant avec science, faire d'elles le soutien et le lien d'une composition. Au contraire, les idées d'un musicien maître de son art naissent préadaptées à l'appareil de modulations et de développements (sur quelque type que ces développements soient conçus) qui en distribuera la puissance motrice, non sans la rénover et la faire rebondir en mille façons sur tout l'ensemble de l'œuvre musicale. Cet appareil, formé par les travaux des siècles, ne sert de rien et ne se prête qu'à un fonctionnement tout scolastique et stérile, s'il lui est confiée une idée sans force animante. Que cette force existe, il confère au jeu de l'idée la perfection des lois de raison et d'équilibre qui sont comme empreintes en lui et qui ont une valeur indépendante des complaisances sensitives de chaque époque. La vigueur de l'inspiration en implique l'ordre. L'ordre inhérent à une inspiration vive engendre la facture juste et serrée. Celle-ci sauve les œuvres de mourir.

La musique moderne, héritage et synthèse de tous les arts musicaux d'un passé maintes fois glorieux, met en œuvre un ensemble d'instruments de diction qui n'ont de raison d'être que de concourir à sa beauté : la mélodie, l'harmonie et le contrepoint, la polyphonie, enfin les timbres, forêt magique. Autant de modes d'activité pensante que le musicien doit conduire de front et ménager librement, subordonnant chacun d'eux à l'économie de l'expression. L'équilibre qu'il réussit à maintenir entre eux, la juste mesure de la part qu'il fait à chacun fondent la durée de son ouvrage, parce qu'ils en assurent l'intelligibilité. La lumière circule à l'aise entre des éléments dont aucun ne déborde sa place naturelle. Aujourd'hui, l'impuissance de bien des musiciens a pour signe caractéristique l'abus de tel ou tel de ces éléments constitutifs en vue de masquer la débilité ou la mauvaise venue des autres. L'un ne saura que raffiner artificieusement sur les recherches de l'harmonie pour voiler la médiocrité ou le manque de jet de la ligne mélodique. Un second entassera la polyphonie pour cacher sous une masse de matière qui égare l'oreille en tous sens le défaut de substance de sa conception. Un troisième pensera se rattraper de la même indigence sur les curiosités continues et énervantes de l'instrumentation. Ce sont là les plaies trop fréquentes de la musique contemporaine. Certain compositeur, habitué à se livrer à de grands et inutiles carnages de sons, manifestait naguère son mépris pour Verdi, et, avec une bonne foi désolante, accusait de « stupidité » la *Traviata*, le *Trouvère*, *Rigoletto*. Il est vrai que la matière musicale de ces ouvrages est pauvre, brute, dénudée à l'excès et que c'est là pour eux une infirmité considérable. Mais la qualité la plus noble, celle sans laquelle rien ne compte, le mouvement y atteint parfois au degré sublime. Le musicien dont je parle n'en a même pas la notion. Il compose des tartines, harmonisées et instrumentées pour le perpétuel ébahissement des snobs, mais tellement alourdies par une accumulation fabuleuse et impitoyable de notes qu'une fois tombées sur le parquet de l'orchestre elles n'en peuvent plus bouger. L'auditoire regarde avec désolation (plutôt qu'il n'entend) cette masse grouillante qui s'agite en vain.

Vitalité, sincérité, fraîcheur, spontanéité, puissance de l'inspiration, fermeté et densité du style, richesse et sobriété des moyens, netteté et pureté de la facture, voilà les vertus qui font survivre une œuvre musicale au type de langage musical dans lequel elle fut écrite et qui en caractérise l'époque. Du style musical comme du style littéraire nous pouvons dire qu'il n'est que « l'ordre et le mouvement que l'on met dans ses pensées », et encore qu'il est « l'homme même ». Mais en littérature, l'ordre, le mouvement, l'individualité se rendent dans un vocabulaire qui, une fois la langue fixée, change peu. Nous avons montré que la langue musicale ne saurait atteindre à une fixité pareille et jusqu'à quelle profondeur son vocabulaire va se transformant d'âge en âge. Pourtant ce vocabulaire reste immortellement jeune dans une œuvre (qu'il s'agisse d'une simple mélodie « populaire » ou d'une savante symphonie d'orchestre) où il apparaît imprégné de ces vertus de conception et de composition. Considéré en lui-même, à part des ouvrages de génie qui l'ont illustré, il est vrai qu'il a vieilli. Dans l'emploi que de grands artistes, un seul peut-être, en ont fait, il se conserve vivant à cause de sa relation vivante et brûlante avec l'âme de ces artistes, à cause de la juste relation que ses éléments ont entre eux dans leur personnelle manière d'écrire. Une musique est durable, nonobstant la caducité propre de sa matière physique, par ce qu'elle a de cœur et de raison, de sensibilité et d'ordre.

L'effet conservateur de ces vertus ne s'exerce pas seulement sur les ouvrages qui les renferment. Il rayonne au delà. Il est général. Ces vertus, selon la mesure où les artistes d'une époque donnée les possèdent et en répandent l'exemple, ont une influence modératrice, régulatrice sur l'évolution du langage musical lui-même.

J'ai assez dit ce qu'il y a de fatal dans cette évolution. Mais, fatale, elle peut s'accomplir de deux façons, dont l'une maintient la vie de l'art, en la renouvelant, dont l'autre ne saurait tourner qu'à sa ruine.

Le langage de la musique change-t-il sous l'exigence intérieure des besoins de l'expression ? Change-t-il parce que les artistes inspirés d'une certaine génération apportent des « pensers nouveaux » qui ne trouvent pas dans la langue dont se sont servis leurs prédécesseurs les couleurs sonores faites pour les rendre ? Dans ce cas, sa transformation est aussi légitime qu'inévitable ; elle part des profondeurs ; elle s'accomplit sous le gouvernement d'un arbitre supérieur assis au foyer de l'âme et qui sent avec une infaillible délicatesse ce qui convient et ne convient pas ; par là même elle est mesurée et progressive ; elle ne bouleverse pas, elle pénètre et s'insinue ; au sein de ses nouveautés hardies, la tradition ne laisse pas d'étendre mille prolongements tutélaires ; elle constitue vraiment une acquisition.

Le changement du langage sonore s'accomplit-il, au contraire, pour lui-même et indépendamment de ces réclamations de la sensibilité ? Est-il déterminé par un simple prurit de nouveauté et d'originalité à tout prix dans une génération ou une école d'artistes qui n'apportent pas d'ailleurs une âme nouvelle ? N'a-t-il d'autre fin que d'amuser et de tromper les oreilles par des effets matériels non expérimentés jusqu'ici ? En ce cas, il est mauvais. Il n'a ni raison ni direction. Il ne sait où il va. Il menace de tout dissoudre. C'est un non-sens artistique.

Je dis plus simplement : la transformation du langage musical est saine et féconde, si elle est naïve. Elle est détestable si elle est délibérée et cherchée.

Je crains que nos jeunes écoles musicales d'aujourd'hui n'aient pas fait assez d'attention à cette fondamentale vérité. Je crains qu'elles ne soient exclusivement orientées vers les curiosités de la technique sonore et ne sachent plus assez que c'est aux sources de la pensée et du cœur que les arts se rajeunissent. Genre d'erreur qui ne leur est point particulier, car il s'étale dans le domaine des autres arts et spécialement dans celui des arts littéraires, comme il ressort de toutes ces significatives discussions sur la technique de la poésie, la technique du roman ou la technique de la critique, dont nos revues sont depuis quelque temps inondées. On dirait une controverse de meuniers inoccupés sur la plus élégante forme à donner aux ailes ou aux roues des moulins dans un pays où il n'y a ni vents ni courants d'eau

Les vents et les courants d'abord ! Comment faire de bons vers sans ivresse poétique, de bons romans sans verve et nouveauté d'imagination, de bonne critique sans goût, culture et philosophie ? Le problème est désespérant. En apparence, il l'est moins pour les musiciens que pour leurs confrères, parce que les notes et timbres, n'ayant point de signification par eux-mêmes, se laissent combiner avec plus d'effronterie encore que les mots et les idées. Cependant on n'écoute pas ces musiques effrontées, quelle que soit la violence des coups qu'elles portent aux oreilles. Que les jeunes veuillent bien nous croire : quelque chose à dire, un frémissement du cœur, un souffle du dedans, ou, à défaut, se taire. Il n'y a pas d'art sans inspiration, on est honteux d'avoir à le dire ; il n'y a que fadeur ou grimace. Mais si la grâce t'effleure, ô musicien de demain, si tu perçois en toi-même le divin et anxieux murmure d'une parole née avec toi et que tu n'as jamais entendue au dehors, si tu te désespères en songeant que tu ne parviendras jamais peut-être à tirer de ce balbutiement merveilleux de ton âme un cri et un chant capables de remuer et de charmer les hommes, alors jette-toi sur les vieux maîtres et demande-leur le secret de traduire ce que tu sens. C'est par leur aide que tu acquerras la pleine jouissance de toi-même. C'est par leur aide libératrice que tu trouveras le secret d'écrire sans torture et sans te préoccuper plus d'être neuf que d'être ancien, une langue dont la fraîcheur et la nouveauté magique t'étonneront.

TABLE

ACHEVÉ D'IMPRIMER
LE 20 JUIN 1922
PAR L'IMPRIMERIE
FRÉDÉRIC PAILLART A
ABBEVILLE (SOMME).

www.ingramcontent.com/pod-product-compliance
Ingram Content Group UK Ltd.
Pitfield, Milton Keynes, MK11 3LW, UK
UKHW021154260726
13994UKWH00001B/462